OS
FUNDAMENTOS
DA PSICOLOGIA
ANALÍTICA

Dados Internacionais de Catalogação na Publicação (CIP)
(Câmara Brasileira do Livro, SP, Brasil)

Jung, C.G., 1875-1961
    Os fundamentos da psicologia analítica / C.G. Jung;
tradução Araceli Elman, Edgar Orth. – Petrópolis, RJ : Vozes, 2017.

    Título original: The tavistock lectures : on the theory and practice
of analytical psychology
    Bibliografia.

    9ª reimpressão, 2025.

    ISBN 978.65.5713.600-3

    1. Jung, Carl G. 1875-1961 – Psicologia analítica
2. Psicologia junguiana   I. Título II. Série.

17-05500   CDD-150.1954

Índices para catálogo sistemático:
1. Psicologia analítica   150.1954

C.G.JUNG

OS FUNDAMENTOS DA PSICOLOGIA ANALÍTICA

(As Conferências de Tavistock)

Tradução de Araceli Elman e Edgard Orth

EDITORA VOZES

Petrópolis

© 1981,Walter-Verlag, AG, Olten

Tradução do original em inglês intitulado
The Tavistock Lectures – On the Theory and Practice of Analytical Psychology
(from Collected Works Volume, 18/1 – Parte I) by C.G. Jung

Direitos de publicação em língua portuguesa – Brasil:
1998, 2017, Editora Vozes Ltda.
Rua Frei Luís, 100
25689-900 Petrópolis, RJ
www.vozes.com.br
Brasil

CONSELHO EDITORIAL

Diretor
Volney J. Berkenbrock

Editores
Aline dos Santos Carneiro
Edrian Josué Pasini
Marilac Loraine Oleniki
Welder Lancieri Marchini

Conselheiros
Elói Dionísio Piva
Francisco Morás
Gilberto Gonçalves Garcia
Ludovico Garmus
Teobaldo Heidemann

Secretário executivo
Leonardo A.R.T. dos Santos

PRODUÇÃO EDITORIAL

Aline L.R. de Barros
Jailson Scota
Marcelo Telles
Mirela de Oliveira
Natália França
Otaviano M. Cunha
Priscilla A.F. Alves
Rafael de Oliveira
Samuel Rezende
Vanessa Luz
Verônica M. Guedes

Revisão Literária de: Lúcia Mathilde Endlich Orth
Revisão Técnica de: Dra. Jette Bonaventure

Diagramação: Sheilandre Desenv. Gráfico
Capa: Ygor Moretti
Arte-finalização: Editora Vozes

ISBN 9978.65.5713.600-3 (Brasil)
ISBN 3-530-40718-6 (Suíça)

Este livro foi composto e impresso pela Editora Vozes Ltda.

Sumário

I
Fundamentos da Psicologia Analítica

(Conferências de Tavistock)

Observação preliminar à edição original[*]

Esta reprodução das Conferências do Prof. Jung, no Institute of Medical Psychology, realiza-se sob o patrocínio do Analytical Psychology Club, de Londres.

Em princípio, a exposição de Jung é reproduzida literalmente. Mas, para evitar possíveis mal-entendidos, pareceu-nos aconselhável mudar a construção de algumas frases. Com estas alterações insignificantes, cremos não ter prejudicado o encanto bem pessoal das conferências.

Em alguns casos foi impossível identificar o nome do participante da discussão; e em outros casos, mesmo sabendo os nomes dos participantes, não foi possível submeter-lhes a formulação exata de sua questão. Por isso e por algum erro na reprodução das questões, pedimos desculpas.

---

[*] Para esta edição foram refeitos os quadros e diagramas, e o Dr. Bennet pôs à nossa disposição fotografias dos desenhos de seu paciente (originais pintados a cores em aquarela).

Agradecemos ao Institute of Medical Psychology não apenas pela permissão de publicar as Conferências, mas também por ter apoiado em todos os sentidos o nosso trabalho. Especial agradecimento dirigimos à senhorita Toni Wolff por sua ajuda. Mas, acima de tudo, queremos agradecer de coração ao Prof. Jung pelo fato de se ter colocado à inteira disposição para responder a algumas questões mais difíceis e por revisar o texto em sua forma definitiva.

Londres, outubro de 1935
Mary Barker
Margaret Game

Do Prefácio

E.A. Bennet

Em 1935, o Prof. C.G. Jung, na época com sessenta anos de idade, proferiu na clínica Tavistock[1] cinco conferências para mais ou menos duzentos médicos. As conferências e os debates a seguir foram datilografados e divulgados em cópias mimeografadas por Mary Barker e Margaret Game. Esta versão é agora publicada em livro.

Os trabalhos de Jung eram conhecidos, mas poucos o haviam presenciado falando. As conferências atraíram um grupo representativo de psiquiatras e psicoterapeutas de todas as escolas, além de muitos médicos de clínicas neurológicas bem como alguns práticos em geral. Jung lia em geral durante uma hora e depois dava oportunidade a debates por outra hora. Seu material incomum, sua maneira informal e seu espantoso domínio da língua inglesa produziram desde o começo uma atmosfera descontraída e estimulante, fazendo com que os debates se prolongassem para além do tempo previsto. Jung não era apenas um conferencista fasci-

---

1. Fundada em 1920 como The Tavistock Square Clinic; em 1931 recebeu o nome de The Institute of Medical Psychology e, alguns anos depois, The Tavistock Clinic.

nante, mas escolhia também cuidadosamente as palavras, sendo notável como conseguia dizer, de modo compreensível e sem uso do jargão teórico, exatamente o que pensava.

Jung restringiu-se aos princípios básicos que alicerçavam suas próprias concepções e apresentou-os sob dois títulos principais: estrutura e conteúdo da psique, e os métodos empregados em sua pesquisa.

Definiu a consciência como a relação de fatos psíquicos a "um fato chamado eu", cujo caráter depende do tipo geral de atitude – extrovertido ou introvertido – do indivíduo. O eu se relaciona com o mundo externo através das quatro funções: pensamento, sentimento, sensação e intuição. Uma vez que o eu, o centro da consciência, procede do inconsciente, a consciência com suas funções só pode ser entendida sob o pano de fundo da hipótese do inconsciente pessoal e coletivo. As inter-relações bem como a natureza das funções provocaram várias perguntas, mas Jung explicou com clareza o que entendia por esses conceitos, muitos dos quais ele introduziu na psicologia analítica.

Ao explicar os métodos que empregava no estudo da atividade psíquica inconsciente, Jung falou do experimento de associações, da análise dos sonhos e da imaginação ativa. Em alguns ouvintes provocou estupefação a importância que ele atribuiu ao experimento de associações, uma vez que este já não vinha sendo usado há muito tempo. Mas Jung falou dele principalmente porque ocupou uma posição-chave em suas primeiras pesquisas. Quando, na qualidade de jovem assistente na clínica Burghölzli, em Zurique, começou a pesquisar os mistérios das doenças mentais, ainda não havia um saber psicológico estabelecido. Seus testes com associações de palavras levaram a resultados inesperados e muito significativos. Dos mais importantes fazia parte a descoberta da natureza autônoma do inconsciente. O fato de existir uma atividade psíquica fora da consciência já era aceito muito antes que Freud ou Jung se dessem conta de sua aplicação clínica. Através da elaboração refinada do experimento de associações, Jung confirmou esta hipótese, e, com a prova dos complexos com carga emocional, corroborou a teoria freudiana da repressão. Originalmente a resposta à palavra-estímulo estava reduzida a uma só palavra; mas Jung achou que isto limitava o valor do teste e introduziu algumas modificações técnicas. Enquanto o teste prosseguia em sua antiga forma da medição do tempo de reação, foram feitos concomitantemente registros mecânicos que mostravam graficamente o efeito das emoções sobre os batimentos do pulso, sobre a respiração e sobre mudanças quantitativas na resistência elétrica da pele. Sua constatação de que corpo e psique reagiam como unidade fez de Jung o primeiro clínico que reconheceu a importância dos epifenômenos fisiológicos das emoções que hoje são conhecidos por todos como fenômenos psicossomáticos.

Ultrapassando os limites para o país dos sonhos, conforme expressão de Jung, falou dos elementos pessoais e coletivos no sonho e principalmente da análise do sonho, o recurso terapêutico mais importante em seu trabalho – "o sonho revela todo o necessário". Uma vez Jung respondeu em alemão – para surpresa do interrogante – a uma pergunta meio complicada. Alertado pelo presidente da mesa, observou sorrindo: "Os senhores veem que o inconsciente trabalha realmente de forma autônoma".

Na quarta conferência Jung traz a interpretação de um sonho com motivos arquetípicos, explicando com isso os métodos amplificadores por ele empregados. Mostrou que a amplificação por meio de fenômenos paralelos na interpretação dos sonhos corresponde aos métodos comparados na filologia. Com base na relação compensadora entre consciência e inconsciente, Jung descreveu a psique como sistema autorregulador que pode ser comparado aos mecanismos homeostáticos do corpo.

Infelizmente o tempo não foi suficiente para terminar a análise do interessantíssimo sonho e Jung pensava em retomar o assunto em sua última conferência. Mas o Dr. Hugh Crichton-Miller propôs como alternativa que Jung falasse sobre o difícil problema da transferência, o que foi apoiado pelos participantes. Jung explicou a transferência como um caso especial do processo mais genérico da projeção e que, em certas circunstâncias, se torna o problema principal da análise. Atribuiu especial importância à experiência e historicidade do analista ao lidar com a contratransferência. A origem da transferência e sua manifestação totalmente espontânea e não provocada levou ao que Jung chamou de terapia difícil e complicada da transferência.

Ainda que breve, esta visão geral sobre o problema da transferência significou um prólogo admirável para seus trabalhos futuros e bem mais extensos sobre este tema. Em 1946 apareceu em alemão *Die Psychologie der Übertragung* (A psicologia da transferência). Jung não muda seu conceito de transferência, mas houve um aprofundamento em sua compreensão. Numa publicação posterior, *Mysterium Coniunctionis*, escreveu sobre a estrutura do si-mesmo e do eu, sobre a natureza da transferência e da contratransferência e sobre o processo de individuação.

Na discussão de encerramento Jung foi perguntado sobre o emprego da expressão "imaginação ativa", e ele deu explicação pormenorizada. Descreveu o caráter criador e voltado ao objetivo da imaginação ativa na análise e mostrou como pode ser aplicada terapeuticamente em conexão com pintura e desenhos espontâneos. Alguns participantes ficaram surpresos ao saber que ele aconselhava muitas vezes os pacientes a se expressarem através de lápis e pincel. Este procedimento se mostrou muito útil sobretudo com pessoas que não conseguiam exprimir em palavras suas fantasias; além disso colocava os pacientes em condições de colaborarem ativamente, em seu tempo livre, no tratamento.

Jung faleceu em 1961, aos 86 anos de idade, ou seja, 26 anos depois de haver pronunciado estas conferências[2]. Neste meio tempo publicou diversas obras, onde encontramos maior desenvolvimento e aprofundamento, sobretudo em seus estudos sobre o inconsciente e sua importância para a compreensão da saúde e da doença da psique. As conferências a seguir são excelente introdução aos fundamentos sobre os quais Jung se apoia. São sistemáticas, mas, assim mesmo, informais; e a forma escrita de suas palavras faladas nos deixa a marca duradoura de sua personalidade.

---

2. A edição alemã das conferências só apareceu após a morte de Jung (1961), por isso foram mantidos conceitos por ele cunhados e empregados na época, mesmo que os tenha parcialmente modificado em anos posteriores.

Primeira conferência

O presidente da mesa: Dr. H. Crichton-Miller:

1 Senhoras e senhores, nesta sala presto meus serviços de intermediário, exprimindo a nossa acolhida ao Prof. Jung, o que constitui para mim um prazer muito grande. Todos nós, professor, estivemos ansiosos, contando os dias durante meses, à espera de sua chegada. Dos que aqui se encontram, muitos esperavam por esses seminários, antecipando a chegada de uma nova luz. Muitos de nós aqui viemos por considerá-lo o homem que salvou a psicologia moderna de um isolamento perigoso no campo da ciência e do conhecimento. Alguns de nós, pela admiração e respeito à amplitude de visão com a qual o senhor conseguiu a união entre psicologia e filosofia, empresa tão condenada por certos grupos. Por seu intermédio foram reformulados o valor e o conceito da liberdade humana em termos de pensamento psicológico; o senhor nos proporcionou inúmeras e valiosas ideias, mas, acima de tudo, não desistiu de aprofundar os estudos da psique humana no ponto em que toda ciência acaba por esmorecer. Por estes e por inúmeros outros bens, que cada um de nós conheceu individual e independentemente, agradecemos-lhe e esperamos com ansiedade o que escondem esses encontros.

C.G. Jung:

2 Senhoras e senhores, antes de mais nada, gostaria de frisar que minha língua materna não é o inglês; portanto, se minha expressão for deficiente em algum aspecto, peço-lhes, desde já, que me desculpem.

3 Como é do conhecimento de todos, o meu propósito é traçar um breve esboço de certos conceitos fundamentais em psicologia. Se minha exposição concerne principalmente a meus próprios princípios ou pontos de vista, não quer isso dizer que desconsidere o valor das grandes contribuições de outras pessoas, igualmente dedicadas a esse campo; do mesmo modo, está longe de mim a intenção de colocar-me indevidamente num primeiro plano. Es-

tou certo de que todos que me ouvem aqui têm tanta consciência quanto eu dos méritos de Freud e de Adler.

Inicialmente, seria necessário dar uma pequena ideia do processo que orientará esse nosso trabalho. Há dois tópicos principais a serem abordados: de um lado, os conceitos relativos à *estrutura e conteúdos da vida inconsciente*, e, depois, *os métodos* usados na investigação dos elementos originários de processos psicológicos inconscientes. O segundo tópico subdivide-se em três partes: o método da associação de palavras, o método da análise dos sonhos e, por último, o método da imaginação ativa.   4

É evidente a impossibilidade de proporcionar-lhes um apanhado completo de tudo aquilo que cada um desses tópicos tão complexos possa encerrar no que se refere, por exemplo, a problemas filosóficos, éticos e sociais inerentes à consciência coletiva de hoje. Ou ainda, às pesquisas históricas e mitológicas necessárias à sua elucidação; embora remotos na aparência, esses fatores básicos são os mais importantes no equilíbrio, no controle e nos distúrbios da condição mental do indivíduo, sendo eles, ainda, que criam a raiz da discórdia no campo das teorias psicológicas. Não obstante minha formação médica e meu consequente relacionamento com a psicopatologia, tenho a certeza de que esse ramo específico da psicologia conhecerá inúmeros benefícios através de um estudo mais profundo e amplo da psique normal em geral. O médico não deve jamais perder de vista o seguinte: as doenças são processos normais perturbados e nunca *entia per se*, dotados de uma psicologia autônoma. *Similia similibus curantur* é uma notável verdade da antiga medicina e, como tal, pode também resultar num grande engano. Assim, a psicologia médica deve prevenir-se contra o risco de ela mesma tornar-se doente. Parcialidade e estreitamento de horizontes são características neuróticas largamente conhecidas.   5

Tudo o que eu disser aqui permanecerá como um torso inacabado. Lamentavelmente, trago apenas pequena quantidade de novas teorias, pois meu temperamento empírico está muito mais ansioso por novos fatos do que pela especulação a ser feita em torno deles, embora isso se constitua, eu o reconheço, num agradável   6 passatempo intelectual. Aos meus olhos, cada novo caso quase que consiste em uma nova teoria, e não estou convencido da invalidade deste ponto de vista, particularmente quando se considera a extrema juventude da psicologia moderna que, segundo sinto, ainda não saiu do berço. Consequentemente, acredito que o tempo das teorias gerais até agora não amadureceu. Parece-me, às vezes, que a psicologia ainda não compreendeu nem a proporção gigantesca de sua missão, nem a perplexidade e desanimadora complicação da natureza de seu objeto: a própria psique. É como se mal estivéssemos acordando para essa realidade, com a madrugada ainda muito obscura para compreendermos perfeitamente o porquê da psique, constituindo-se no *objeto* da observação e do julgamento científico, ser ao mesmo tempo o seu *sujeito*, o *meio* através do qual se fazem tais observações. A ameaça de um círculo tão espetacularmente vicioso tem-me levado a um extremo de relativismo e cuidado, quase sempre incompreendido.

7   Não é minha intenção perturbar nosso relacionamento durante esses seminários, levantando opiniões e críticas inquietantes. O fato de aqui mencioná-las serve como um pedido de desculpas antecipado para confusões desnecessárias que poderão surgir no desenrolar de nossos trabalhos. O que me perturba não são as teorias, mas, sim, um grande número de fatos. Peço-lhes que tenham sempre presente que a brevidade do tempo de que disponho não me permite o descortinamento de toda evidência circunstancial, o que seria um grande apoio às minhas conclusões. Refiro-me especialmente às sutilezas da análise onírica e do método comparativo da investigação dos processos inconscientes. Como podem notar, dependerei muito da boa vontade dos senhores. No entanto não afasto o meu propósito que é, em primeiro lugar, o de deixar as coisas o mais claro possível.

8   A psicologia como ciência relaciona-se, em primeiro lugar, com a consciência; a seguir, ela trata dos produtos do que chamamos psique inconsciente, que não pode ser diretamente explorada por estar a um nível desconhecido, ao qual não temos acesso. O único meio de que dispomos, nesse caso, é tratar os produtos conscientes de uma realidade, que supomos originários do campo inconsciente, esse campo de "representações obscu-

ras" ao qual Kant, em sua *Antropologia*, se refere como sendo um mundo pela metade[1]. Tudo o que conhecemos a respeito do inconsciente foi-nos transmitido pelo próprio consciente. A psique inconsciente, cuja natureza é completamente desconhecida, sempre se exprime através de elementos conscientes e em termos de consciência, sendo esse o único elemento fornecedor de dados para a nossa ação. Não se pode ir além desse ponto, e não nos devemos esquecer que tais elementos são o único fator de aferição crítica de nossos julgamentos.

A consciência é um dado peculiar, um fenômeno intermitente. 9
Um quinto, um terço, ou talvez metade da vida humana se desenrola em condições inconscientes. Nossa primeira infância também se desenvolve a esse nível. É no inconsciente que mergulhamos todas as noites, e apenas em fases entre o dormir e o despertar é que temos uma consciência mais ou menos clara e, em certo sentido, bastante questionável quanto à sua clareza. Presume-se, por exemplo, que uma menina ou menino sejam conscientes aos dez anos de idade; entretanto qualquer um pode provar ser essa uma consciência bastante peculiar, talvez uma consciência sem ter consciência do *eu*. Conheço inúmeros casos de crianças, entre onze e catorze anos (às vezes até mais velhas), que foram subitamente atingidas por esse clarão essencial: "Eu sou". Pela primeira vez sentem que são eles próprios a experimentar, a considerar um passado, no qual se lembram de coisas acontecendo, mas não têm consciência de si próprios dentro de tais acontecimentos.

Admitamos que quando se diz "eu" não há critério absoluto 10
para constatar se temos uma experiência de fato do que seja esse "eu". Talvez nossa compreensão do eu ainda seja fragmentária e, quem sabe, futuramente as pessoas saibam muito mais a esse respeito e integrem muito mais em si próprias o significado do eu para o ser humano do que nós. Na verdade, não se pode antever que esse processo terminará.

A consciência é como uma superfície ou película cobrindo a 11
vasta área inconsciente cuja extensão é desconhecida. Ignoramos

---

1. KANT, I. *Anthropologie in pragmatischer Hinsicht*. Königsberg: [s.e.], 1798.

a extensão do domínio inconsciente pela simples razão de desconhecermos tudo a seu respeito. Não se pode dizer coisa alguma a respeito daquilo sobre o qual nada se sabe. Quando dizemos "inconsciente" o que queremos sugerir é uma ideia a respeito de alguma coisa, mas o que conseguimos é apenas exprimir nossa ignorância a respeito de sua natureza. Há apenas provas indiretas sobre a existência de uma esfera mental de ordem subliminar. Temos alguma justificação científica que prove sua existência. A partir dos produtos dessa mente inconsciente podemos tirar determinadas conclusões quanto à sua possível natureza. Entretanto, todo cuidado será pouco para não cairmos num antropomorfismo exagerado, pois os fatos, em sua realidade, podem ser bastante diferentes da imagem que a nossa consciência forma deles.

12   Se, por exemplo, tormarmos o mundo físico e o compararmos à imagem que dele é formada pelo consciente, descobriremos todo tipo de idealizações mentais que não existem como fatos objetivos; assim, vemos *cores* e ouvimos *sons*, mas na realidade trata-se de vibrações. O que acontece é que precisamos de um laboratório equipado com aparelhos complexos para estabelecermos um quadro desse mundo desligado de nossos sentidos e de nossa psique; e suponho que aconteça exatamente o mesmo com o nosso inconsciente. Deveríamos ter um laboratório para que fosse estabelecido, através de métodos objetivos, como são as coisas em sua verdade no mundo inconsciente. Assim, essa crítica deverá nortear todo ponto de vista e a afirmação que eu fizer ao longo das conferências, quando tratar do inconsciente. Tudo será *como se*, e os senhores nunca deverão esquecer tal restrição.

13   A mente consciente caracteriza-se sobremaneira por uma certa estreiteza; ela pode apreender poucos dados simultâneos num dado momento. Enquanto isso, tudo o mais é inconsciente – apenas alcançamos uma espécie de continuidade, de visão geral ou de relacionamento com o mundo consciente através da *sucessão* de momentos conscientes. É impossível estabelecermos continuamente uma imagem de totalidade devido à própria limitação da consciência. A nossa possibilidade restringe-se à percepção de instantes de existência. Seria como se observássemos através de uma fenda e só víssemos um momento isolado – o resto seria obscuro, inacessível

à nossa percepção. A área do inconsciente é imensa e sempre contínua, enquanto a área da consciência é um campo restrito de visão momentânea.

A consciência é sobretudo o produto da percepção e orientação no mundo *externo*, que provavelmente se localiza no cérebro e sua origem seria ectodérmica. No tempo de nossos ancestrais era provavelmente um sentido sensorial da pele. É bem possível que a consciência derivada dessa localização cerebral retenha tais qualidades de sensação e orientação. Psicólogos franceses e ingleses dos séculos XVII e XVIII tentaram derivar a consciência especificamente dos sentidos, a ponto de considerá-la como um produto exclusivo de dados sensoriais; tal concepção é atestada pela velha fórmula: *Nihil est in intellectu quod prius non fuerit in sensu*[2]. Podemos notar qualquer coisa parecida em modernas teorias psicológicas. Freud não deriva a consciência de dados sensoriais, mas ele concebe o inconsciente como derivado do consciente, o que seria seguir a mesma linha de raciocínio. 14

Eu consideraria a questão pelo seu reverso: coloco o inconsciente como um elemento inicial, do qual brotaria a condição consciente. Na primeira infância somos inconscientes; as funções mais importantes de qualquer natureza instintiva são inconscientes, sendo a consciência quase que um produto do inconsciente. É uma condição que exige esforço violento. Ficamos cansados depois de um prolongado estado consciente; somos às vezes levados até mesmo à exaustão. É um esforço quase que antinatural. Podemos observar, por exemplo, nos primitivos que à menor exigência, ou mesmo sem ela, de repente "somem". Eles podem ficar sentados à toa horas a fio, e quando lhes perguntamos: "O que estão fazendo? O que estão pensando?", eles se ofendem e dizem: "Só um doido é que pensa; só ele tem pensamentos na cabeça. Nós não pensamos". Se concebem algum pensamento, fazem-no antes com a barriga ou com o coração. Algumas tribos negras ga- 15

---

2. Nada existe no intelecto que não tenha estado antes nos sentidos. – Cf. LEIBNIZ, G.W. *Nouveaux essais sur l'entendement humain*. Livro II, cap. I, sec. 2. Paris: [s.e.], 1704, em resposta a Locke. A formulação é de origem escolástica; cf. DUNS SCOTUS, J. *Quaestiones Scoti super Universalibus Porphyrii...* qu. 3. Veneza: [s.e.], 1520.

rantem que os pensamentos nascem na barriga, pois apenas conseguem apreender as ideias que realmente lhes perturbam o fígado, os intestinos ou o estômago. Em outras palavras, são atingidos apenas por pensamentos emocionais. As emoções e os afetos são obviamente sempre acompanhados por inervações psicológicas perceptíveis.

16   Os índios pueblo afirmaram-me que todos os americanos eram loucos. É lógico que fiquei um tanto espantado e perguntei por que pensavam assim. "Bem, os americanos dizem que pensam com a cabeça. Nenhum homem sadio pensa com a cabeça. Nós pensamos com o coração". Esses índios se encontram exatamente na idade homérica, onde o diafragma (*phren* = espírito, mente) era considerado a sede das atividades psíquicas, o que significa uma localização psíquica de natureza diversa. *Nosso* conceito de consciência supõe que nossos pensamentos emergem de nossa digníssima cabeça, enquanto que os pueblo derivam a consciência da intensidade dos sentimentos. Pensamentos abstratos simplesmente não existem para eles. Por serem adoradores do Sol, tentei impressioná-los com o argumento de Santo Agostinho: Deus não é o Sol, mas sim o criador do Sol[3]. Foi-lhes impossível assimilar essa ideia, pois não conseguem ultrapassar as percepções de suas sensações e de seus sentimentos. Daí, para eles, a consciência e o pensamento se localizam no coração. Para nós, ao contrário, as atividades psíquicas nada representam. Acreditamos que os sonhos e as fantasias estão localizados num subnível; por isso há pessoas que falam de uma mente *sub*consciente, de coisas que se localizam abaixo da consciência.

17   Essas localizações particulares desempenham um papel importantíssimo na chamada psicologia primitiva (que de primitiva não tem absolutamente nada). Se, por exemplo, estudarmos a ioga tântrica e a filosofia hindu, descobriremos o mais elaborado sistema de camadas psíquicas, de localizações da consciência desde a região do períneo até o topo da cabeça. Esses "centros" são os

---

3. *In Ioannis Evangelium*. Tract. XXXIV, 2, col. 2.037. Cf. JUNG, C.G. *Símbolos da transformação*: análise dos prelúdios de uma esquizofrenia. Petrópolis: Vozes, 2011 [OC, 5; § 162[69]].

chamados *chakras*, encontrados não apenas nos ensinamentos da ioga, mas também nos velhos tratados alemães sobre a alquimia que, logicamente, não se originam de um conhecimento da ioga.

Uma consideração importante sobre a consciência é que nada 18 pode ser consciente sem ter um eu como ponto de referência. Assim, o que não se relacionar com o eu não é consciente. A partir desse dado, podemos definir a consciência como a relação dos fatos psíquicos com o eu. Mas o que é o eu? É um dado complexo formado primeiramente por uma percepção geral de nosso corpo e existência e, a seguir, pelos registros de nossa memória. Todos temos uma certa ideia de já termos existido; todos acumulamos uma longa série de recordações. Esses dois fatores são os principais componentes do eu, que nos possibilitam considerá-lo como um complexo de fatos psíquicos. A força de atração desse complexo é poderosa como a de um ímã; é ele que atrai os conteúdos do inconsciente, daquela região obscura sobre a qual nada se conhece. Ele também chama a si impressões do exterior que se tornam conscientes ao entrar em associação com o eu. Caso isto não ocorra, elas não são conscientes.

Portanto, em minha concepção, o eu é uma espécie de com- 19 plexo, o mais próximo e valorizado que conhecemos. É sempre o centro de nossas atenções e de nossos desejos, sendo o cerne indispensável da consciência. Se ele se desintegra, como na esquizofrenia, toda ordem de valores desaparece e as coisas não mais podem ser reproduzidas voluntariamente; o centro se esfacelou e algumas partes da psique passarão a referir-se a um fragmento do eu, enquanto outras partes se ligarão a outros fragmentos. Essa é a razão da mudança rápida de personalidade tão característica dos esquizofrênicos.

A consciência é dotada de um certo número de funções, que a 20 orienta no campo dos fatos *ectopsíquicos* e *endopsíquicos*. A ectopsique é um sistema de relacionamento dos conteúdos da consciência com os fatos e dados originários do meio ambiente, um sistema de orientação que concerne à minha manipulação dos fatos exteriores, com os quais entro em contato através das funções sensoriais. A endopsique, por outro lado, é o sistema de relação entre os conteúdos da consciência e os processos postulados no inconsciente.

21   Primeiramente trataremos aqui das funções ectopsíquicas. Em
primeiro lugar temos a *sensação*, a função dos sentidos[4]; ela seria
o que os psicólogos franceses chamam *la fonction du réel*, a soma
total de minhas percepções de fatos externos, vindas até mim por
meio dos sentidos. Dentro dessa concepção, a denominação dos
franceses me parece ter sido totalmente feliz. A sensação me diz
que alguma coisa é; não exprime *o que é*, nem qualquer outra particularidade da coisa em questão.

22   A seguir, distinguimos a função do *pensamento*. Se perguntar-
mos a um filósofo, ele dirá que o pensamento é uma coisa extremamente complicada; portanto nunca procure um filósofo para
se informar a respeito, pois ele é, por excelência, o homem que
não sabe o que é o pensamento, quando todas as outras pessoas o
sabem. Quando se diz a alguém: "Olhe, pense bem!", essa pessoa
sabe exatamente o que se está querendo exprimir, mas um filósofo,
não. Na sua forma mais simples, o pensamento exprime *o que* uma
coisa é. Dá nome a essa coisa e junta-lhe um conceito, pois pensar
é perceber e julgar (A psicologia alemã fala de "apercepção".)

23   A terceira função que distinguimos, e para a qual a linguagem
comum tem uma denominação, é o *sentimento*. Aqui as ideias se
confundem e entram em choque; as pessoas se irritam quando falo
sobre o sentimento, pois segundo a opinião delas o que digo a respeito dessa função é horrível. O sentimento nos informa, através
da carga emocional, acerca do *valor* das coisas. É ele que nos diz,
por exemplo, se uma coisa é aceitável, se ela nos agrada ou não.
Ele nos diz o que é de *valor* para nós. Devido a este fenômeno não
podemos perceber ou aperceber sem uma determinada reação sentimental. É possível demonstrar experimentalmente que sempre
está presente certa carga emocional. Mais tarde falaremos sobre
isso. Agora, o "horrível" sobre o sentimento é que ele, como o
pensamento, é uma função *racional*. Toda pessoa que pensa está
absolutamente convencida de que o sentimento jamais pode ser
uma função racional, mas, ao contrário, totalmente irracional. Peço-lhes, entretanto, o seguinte: tenham um pouco de calma e con-
cordem que o ser humano não pode ser perfeito em tudo. Aque-

---

4. Cf. JUNG, C.G. *Tipos psicológicos*. Petrópolis: Vozes, 2011 [OC, 6; definições].

le que é perfeito em seus pensamentos jamais o será quanto aos sentimentos devido à própria impossibilidade de realizar as duas coisas simultaneamente; uma impede a outra. Consequentemente, quando se quer pensar dentro de uma linha científica ou filosófica totalmente desapaixonada, deve-se colocar de lado todos os valores sentimentais, caso contrário começar-se-á a sentir que é muito mais importante pensar sobre a liberdade da vontade do que, por exemplo, sobre a classificação dos piolhos. E, evidentemente, se observados do ponto de vista do sentimento, os dois objetos não são diferentes apenas quanto aos *fatos*, mas também quanto ao *valor*. Os valores não são âncoras para o intelecto, mas eles existem e a atribuição de valor é uma função psicológica importante. Se quisermos ter uma visão completa do mundo, é fundamental que consideremos o papel desempenhado pelos valores, caso contrário cairemos em dificuldades. Para a maior parte das pessoas o sentimento parece ser totalmente irracional porque elas podem ter os mais diversos sentimentos de maneira idiota; eis a razão de todo mundo estar convencido, especialmente neste país, de que devemos controlar nossos sentimentos. Admito ser esse um bom hábito e expresso aqui a minha profunda admiração aos ingleses por essa habilidade. Não obstante os sentimentos continuam a existir, e tenho visto pessoas que os controlam surpreendentemente bem, apesar de serem muito perturbadas por eles.

Veremos agora a quarta função. Recapitulando: a sensação diz que alguma coisa *é*; o pensamento exprime *o que* ela é; o sentimento exprime-lhe o valor. O que mais, então, poderia existir? Pode-se acreditar que a visão do mundo se complete ao saber que as coisas *são*, *o que são* e qual o *valor* a elas atribuído. Há, entretanto uma outra categoria: *o tempo*. Tudo tem um passado e um futuro; tudo procede de um lugar, e se encaminha para outro. E é impossível saber qual seja essa origem e essa destinação, a menos que se tenha o que vulgarmente é chamado "palpite". Se suas atividades se relacionarem ao ramo artístico ou ao de venda de móveis antigos, você pode "ter um palpite" de que determinado objeto pertence a um grande mestre de 1720, pressentindo ser esse um bom trabalho. Ou, então, não saber como se comportará a bolsa de valores, mas ter um palpite de que subirá. A isso se chama *intuição*, uma espécie de faculdade mágica, coisa próxima da adivinhação, espécie de faculdade miraculosa. Posso, por exemplo, não saber que meu paciente tem uma coisa extremamente dolorosa para contar, mas tenho uma "impressão" sobre a existência de seu problema. Uso essas palavras tão deficientes porque a linguagem comum não tem termos exatos para definir esse tipo de percepção. Mas a palavra intuição faz, cada vez mais, parte da língua inglesa e os senhores são muito felizes, pois em outras línguas a palavra nem existe. Os alemães nem mesmo conseguem fazer uma distinção linguística entre sentimento e sensação. Em francês é diferente; se você fala francês, possivelmente não pode dizer que tem um certo *sentiment dans l'estomac*, aqui a palavra teria de ser *sensation*. Em inglês existem os dois termos que estabelecem a diferença entre sensação e sentimento, mas é muito fácil misturar sentimento com intuição. Por isso, é aconselhável que se mantenha sempre a maior clareza quanto ao seu uso, para se estabelecer uma distinção na linguagem científica. Devemos definir o que estamos pensando quando usamos certos termos, ou então cairemos numa liguagem ininteligível, o que sempre resulta em desastre, especialmente na psicologia. Numa conversa normal é provável que dois homens pensem em coisas diversas ao empregarem a palavra sentimento. Há, por exemplo, psicólogos que usam a palavra *sentimento*, definindo-a como uma espécie de pensamento truncado. "O sentimento nada mais é do que um pensamento inacabado", eis a definição de um psicólogo bastante conhecido. Mas o sentimento é algo genuíno, é algo real, é uma função, e por isso existe um nome para ele. A mente instintiva e natural sempre concebe um nome para as coisas dotadas de existência real. Só psicólogos inventam nomes para as coisas que não existem.

25   A última função definida, a intuição, parece ser bastante misteriosa e os senhores sabem que eu sou muito "místico", como se diz por aí. Bem, essa então é uma das minhas peças de misticismo. A intuição é a função pela qual se antevê o que se passa pelas esquinas, coisa que habitualmente não é possível. Entretanto encontramos pessoas que fazem isso e acabamos acreditando nelas. É uma função que normalmente fica inativa se vivemos trancados

entre quatro paredes, numa vidinha de rotina. Mas se trabalhar-mos na bolsa de valores ou na África Central, então esses "pal-pites" e "impressões" serão as mais eficazes armas de trabalho. É impossível prever, por exemplo, se, ao passar por um arbusto, toparemos com um rinoceronte ou um tigre; mas podemos ter um "palpite", e isso pode salvar-nos a vida. Através desse exemplo se vê que as pessoas normalmente expostas a condições naturais têm que se valer constantemente da intuição, assim como aqueles que se arriscam num campo desconhecido e os que são pioneiros em qualquer empreendimento. Inventores bem como juízes são auxiliados por ela. Sempre que se tiver de lidar com condições es-tranhas para as quais não há valores preestabelecidos ou conceitos já firmados, esta função será o único guia.

Tentei descrever esta função da melhor maneira possível, mas 26 pode ser que as coisas não tenham ficado tão claras. O que quero dizer é que a intuição é um tipo de percepção que não passa exa-tamente pelos sentidos; registra-se *ao nível do inconsciente*, e é onde abandono toda tentativa de explicação, dizendo-lhes: "Não sei como isso se processa". Não sei o que se passa quando um homem se inteira de fatos que ele, em absoluto, não tem meios de conhecer. Não consigo dizer como essas coisas acontecem, entretanto a realidade está aí, e os fenômenos são comprovados. Sonhos premonitórios, comunicações telepáticas etc. são intui-ções. Continuamente venho presenciando esses fatos, e estou con-vencido de sua existência. Entre os primitivos, eles ocorrem com frequência, e se prestarmos atenção registraremos em todo lugar percepções que, de certa forma, trabalham através de dados subli-minares, como percepções sensoriais tão sutis que escapam à nossa consciência. Às vezes, por exemplo, na criptomnésia, algo irrompe na consciência. Captamos uma palavra que provoca determinada sugestão, mas que permanece inconsciente até o momento de sua irrupção; eis por que ela se apresenta como se tivesse caído do céu. Os alemães denominam este fenômeno de *einfall*: qualquer coisa que despenca do alto sobre nossa cabeça. Eventualmente o seu afloramento adquire características de revelação. Mas, na rea-lidade, a intuição é uma função muito natural, uma coisa perfeita-mente normal e até mesmo necessária, pois nos coloca em contato com o que não podemos perceber, pensar ou sentir, devido a uma falta de manifestação concreta. Vejamos: o passado já não existe e a realidade do futuro não é tão manifesta quanto o possamos imaginar; aí está por que devemos agradecer aos deuses pela existência de uma função que nos esclarece um pouco sobre coisas que se escondem por trás das esquinas. Médicos, frequentemente surpreendidos por situações imprevistas e sem antecedentes, têm que contar com o auxílio desta função cheia de mistérios, sobre a qual repousa um grande número de bons diagnósticos.

27   As funções psicológicas são controladas habitualmente pela vontade (ou pelo menos assim o esperamos, pois temos medo de tudo aquilo que se move por conta própria). Quando as funções são controladas elas podem ser postas fora de uso, podem ser suprimidas, selecionadas, aumentadas de intensidade, dirigidas pela força da vontade, pelo que chamamos de intenção. Mas também podem funcionar de modo involuntário, isto é, elas pensam e sentem em nosso lugar – isso acontece com frequência e não podemos interromper um processo desses depois de iniciado. Ou, então, as funções agem de maneira tão inconsciente que não sabemos o que aconteceu, embora nos deparemos, por exemplo, com o resultado de um processo emocional desenvolvido a um estágio inconsciente. Depois alguém poderá provavelmente dizer: "Ah, você estava tão bravo, ou estava tão ofendido que fez tais e tais coisas". Talvez a pessoa esteja totalmente inconsciente a respeito do que sentiu, não obstante aquelas coisas tenham realmente acontecido. As funções psicológicas, como as funções sensoriais, são dotadas de energia específica. Não se pode dispor do sentimento ou do pensamento, ou de qualquer das quatro outras funções. Ninguém pode dizer: "Eu não quero pensar" – pensará inevitavelmente. Uma pessoa não pode afirmar: "Eu não quero sentir" – ela sentirá, pois a energia específica particular de cada função tem expressão própria, e não pode ser substituída por outra.

28   Logicamente, cada um de nós tem suas preferências; os dotados de bom raciocínio preferem pensar sobre as coisas e se adaptar através do pensamento. Outros, cuja função sentimento é particularmente bem desenvolvida, possuem boa comunicabilidade, de-

monstrando grande senso de valores; são verdadeiros artistas em criar situações que envolvam sentimento e em viver tais situações. Ou ainda, um homem com agudo senso de observação objetiva irá valer-se principalmente de sua sensação, e assim por diante. É a função dominante que dá a cada indivíduo a sua espécie particular de psicologia. O homem que age dirigido preponderantemente pelo intelecto constitui um tipo inconfundível, e a partir de seu traço dominante pode-se deduzir qual seja a condição de seu sentimento. Quando o pensamento é a função superior, o sentimento só poderá ser a inferior. A mesma regra se aplica às outras três funções. Vou mostrar isso aos senhores através de um diagrama, que esclarecerá o que estamos tratando.

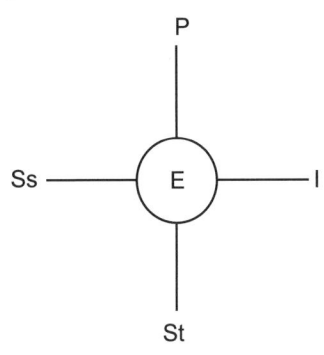

Fig. 1 – As funções

Eis a chamada cruz das funções (Fig. 1). No centro está o eu 29 (E), dotado de certa quantidade de energia, que é a força da vontade. No caso do tipo pensamento, essa força será canalizada para o raciocínio, para o *pensamento* (P); então, o sentimento (St) será colocado no extremo oposto, sendo nesse caso a sua função relativamente inferior. Isto se deve ao fato de que, ao pensarmos, devemos excluir o sentimento, e quando sentimos devemos excluir o pensamento. E devemos mesmo deixar o sentimento e seus valores de lado quando pensamos, pois eles são uma sobrecarga para o pensamento. Entretanto, os que se guiam pelos valores não se valem do pensamento, no que estão certos, pois essas duas funções diferentes se contradizem mutuamente. Pessoas já me disseram que seu pensamento era tão diferenciado quanto seu sentimento; mas não posso acreditar nisso, pois nenhum indivíduo possui os dois opostos simultaneamente no mesmo grau de desenvolvimento.

30   O mesmo se aplica à sensação (Ss) e à intuição (I). De que maneira elas se afetam mutuamente? É impossível enxergar ao mesmo tempo através de paredes quando se observa fatos físicos. Se prestarmos bastante atenção em um homem que trabalha com as percepções sensoriais, veremos que as linhas de direção de seus olhos têm a tendência de convergir, de encontrar-se num determinado ponto; por sua vez, a expressão ou o olhar da pessoa intuitiva apenas cobre a superfície das coisas. Ela não olha fixamente, mas globaliza os objetos num todo; entre as muitas coisas que percebe, estabelece um ponto na periferia do campo de visão, e isto constitui o "hunch", segundo os americanos. Com bastante segurança é possível dizer, a partir dos olhos de uma determinada pessoa, se ela é intuitiva ou não. É inerente ao caráter do intuitivo o não prender-se à observação de detalhes; ele sempre busca apreender a totalidade da situação e, então, repentinamente, qualquer coisa emerge dessa globalização. Se você pertence ao tipo sensação, é comum que observe os fatos em sua realidade imediata, mas a intuição não o orientará, devido à incompatibilidade de atuação simultânea particular às duas funções. A dificuldade está em que o princípio de uma exclui o de outra; eis por que as apresento aqui como opostos.

31   Por este simples diagrama poderemos chegar a muitas conclusões importantes sobre a estrutura de determinada consciência. Se, por exemplo, o *pensamento* é altamente diferenciado, comprovaremos que o sentimento é indiferenciado. O que significaria isso? Que tais pessoas não têm sentimento? Não, eu diria exatamente o contrário; pessoas do tipo pensamento frequentemente afirmam: "Tenho sentimentos fortes, sou muito emocionável, sou um temperamental". Na verdade eles se colocam sob o fluxo poderoso de suas emoções, são tomados por elas e, às vezes, vencidos. A vida particular de professores, por exemplo, constitui estudo interessantíssimo; se você quiser informações completas sobre a vida de um intelectual em sua casa, pergunte à sua esposa, e ela terá longas histórias para contar.

O reverso é igualmente válido para o tipo *sentimento*; se agir   32
com naturalidade, ele jamais permitirá que o aborreçam com pensamentos ou raciocínios; mas se por acaso for sofisticado ou um pouquinho neurótico, será perturbado por certo tipo de ideias. É que aí o pensamento surge de maneira compulsória e o indivíduo não consegue livrar-se dele. Normalmente esse tipo é pessoa agradável, apesar de apresentar ideias e convicções extraordinárias e um pensamento de qualidade inferior. Ele é virtualmente tomado por tal modo de pensar, sendo enrolado por suas elucubrações; não pode desvencilhar-se por não poder raciocinar nem ter flexibilidade de ideias. Por outro lado, um intelectual, ao ser dominado por seus sentimentos, diz: "Eu sinto assim, e pronto!" E contra isso não há argumentos. Apenas quando tiver sido literalmente escaldado em sua emoção, ele voltará a si novamente; é impossível fazê-lo raciocinar sobre seus sentimentos, e, se tal fosse possível, surgir-lhe-ia a consciência de ser um homem bastante limitado.

O processo é o mesmo com referência aos tipos *sensação* e   33
intuição. O intuitivo sempre se irrita quando colocado em frente à realidade concreta; do ponto de vista da realidade, ele quase sempre fracassa, por situar-se fora das possibilidades da vida. É aquele homem que planta um campo e, antes que a safra esteja madura, já lança novo plantio. Deixou muitos campos arados para trás, sempre com novas esperanças à frente, sem que nada surja de verdadeiro. Por sua vez, o tipo sensação está ligado às coisas. Fixa-se numa determinada realidade e a coisa só lhe parece verdadeira quando dotada de existência real, concreta. Imaginem o que sente o intuitivo ante um dado concreto; para ele, aquela é exatamente a coisa errada: "Não pode ser isso, tem que ser qualquer outra coisa". Quando a um indivíduo do tipo sensação falta uma realidade concreta de apoio, por exemplo: quatro paredes para se fixar, parece que o mundo desaba. Dê ao intuitivo quatro paredes para viver e a sua única preocupação será um jeito de fugir disso, pois para ele a situação de fato é uma prisão que deve ser destruída o quanto antes, para poder lançar-se à busca de novas possibilidades.

Tais diferenças desempenham papel importante na psicologia   34
prática. Não vão imaginar que eu esteja enquadrando as pessoas,

dizendo: "Ele é um intuitivo", ou "Ele é do tipo pensamento". É muito comum me perguntarem: "Fulano de Tal não é do tipo pensamento?" Minha resposta costuma ser: "Nunca pensei a esse respeito". E na verdade não o fiz, pois não adianta colocar as pessoas em gavetas de diferentes rótulos. Entretanto, quando se dispõe de um largo material empírico, são necessários princípios de ordem e de crítica para que se proceda a uma classificação. Espero não estar exagerando, mas é para mim extremamente importante criar uma ordem em meus dados experimentais, especialmente quando as pessoas estão preocupadas e confusas, ou quando se tem de explicá-las umas às outras. Se você tiver de explicar uma esposa a seu marido e vice-versa, esses critérios objetivos são sempre muito valiosos, caso contrário a coisa continua indefinidamente no campo do "Ele me disse" ou "Ela me disse".

35   Via de regra, a função inferior não é consciente nem diferenciada, não podendo sempre ser manobrada pela intenção e pela vontade. Aquele que é realmente um pensador pode dirigir seus pensamentos bem como controlá-los; não é escravo de ideias, podendo sempre conceber saídas novas para os problemas. Ele tem o dom de dizer: "Posso pensar em qualquer coisa diferente, posso pensar no oposto dessa hipótese". Enquanto ao tipo sentimento isto é vedado, por não poder desvencilhar-se de seu pensamento. O pensamento o fascina, eis por que ele o teme; a verdade é que o pensamento o possui, escravizando-o. O intelectual tem medo de ser tomado pelos sentimentos por serem eles de qualidade arcaica e em seus domínios ele próprio é um homem arcaico, uma vítima abandonada à força de seus sentimentos. Essa é a razão do homem primitivo ser extremamente polido; toma o máximo cuidado para não ferir os sentimentos de seus companheiros, pois seria perigoso. Muitos de nossos costumes são explicados através dessa polidez arcaica: não é bom costume, ao cumprimentar alguém, apertar-lhe a mão direita enquanto se mantém a esquerda no bolso ou nas costas, pois é necessário provar que não leva nenhuma arma escondida. A saudação oriental de curvar-se com as palmas das mãos abertas e estendidas para cima significa: "Não trago nada nas mãos". No cumprimento chinês de homenagem e res-

peito (kao-tao), ajoelha-se tocando o solo próximo aos pés da ou-tra pessoa com a testa, e o significado do gesto é que a criatura se apresenta sem defesa em frente à outra, e tem nela confiança to-tal. Se estudarmos o simbolismo dos costumes primitivos veremos que a sua base principal é o medo do outro. Do mesmo modo te-memos nossas funções inferiores; se toparmos com um intelectual típico, realmente apavorado ante a possibilidade de apaixonar-se, poderemos julgar que seu medo é ridículo. Mas muito provavel-mente ele é quem está certo, pois bem pode acontecer que faça uma grande besteira ao apaixonar-se. Com toda certeza ele será manietado, pois o seu espírito só reage a um tipo inferior e arcai-co de mulher. Essa é a razão de muitos intelectuais se casarem com pessoas abaixo de seu nível. Às vezes (a história nos dá abundantes exemplos), são os "fisgados" pela locatária de seus quartos ou pela cozinheira, exatamente por não terem consciência do sentimento subdesenvolvido, que os levou a serem dominados. Portanto, esse medo tem plena justificativa. Para eles o sentimento é uma fonte de perturbações. Ninguém pode atacá-los através do intelecto; aí eles são fortes e se movem à vontade, mas podem ser influencia-dos, paralisados, enganados em suas emoções; e eles o sabem. Por-tanto nunca force os sentimentos de um homem, caso ele seja um intelectual; ele os controla com mão de ferro por saber que o pe-rigo aí é grande.

Essa lei é aplicável a cada uma das funções; a inferior está sempre associada a uma personalidade arcaica, e em seus domínios somos todos primitivos. Em nossas funções diferenciadas somos sempre civilizados e presume-se que aí tenhamos vontade livre, o que é impossível quando se trata das funções inferiores. Lá existe uma ferida aberta, ou ao menos uma porta aberta por onde qual-quer coisa pode entrar. 36

Agora vamos tratar das *funções endopsíquicas* da consciência. As funções que acabamos de tratar regem ou auxiliam nossa orien-tação consciente no relacionamento com o ambiente, mas não se aplicam às coisas situadas, por assim dizer, abaixo do eu, que é ape-nas um segmento da consciência flutuando num oceano de coisas obscuras. As coisas obscuras são as interiores. Nesse lado sombrio há uma camada de dados psíquicos que formam uma espécie de 37 moldura de consciência à volta do eu. Vamos ilustrá-lo através de um diagrama (Fig. 2).

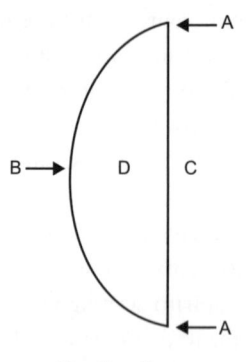

Fig. 2 – O eu

38 Se admitirmos *AA* como limiar da consciência, teremos, então, em *D* um setor consciente que se refere ao mundo ectopsíquico *B*, área regida pelas funções que acabamos de abordar. De maneira oposta, em C, situa-se o *mundo das sombras*. Ali o eu se torna ligeiramente obscuro; não enxergamos e tornamo-nos um enigma aos nossos próprios olhos. Conhecemos o eu apenas em *D*, nunca em C. Aqui sempre surgem coisas novas a nosso respeito; quase todo ano aparece um fato que desconhecíamos. Sempre nos julgamos no ponto final de nossas descobertas, mas isso nunca acontece. Descobrimos que somos isto, aquilo e outras coisas mais e, por vezes, temos experiências surpreendentes; o que prova existir sempre uma parte de nossa personalidade que ainda permanece inconsciente, que ainda se encontra em mutação, ainda indeterminada, ainda em gestação. Entretanto, a personalidade que irá surgir, dentro de um ano, já existe em nós, somente que no lado obscuro. O eu se parece a uma moldura que se move sobre um filme: a personalidade futura ainda não se encontra no campo de visão, mas vamos gradativamente nos aproximando até que o ser futuro seja totalmente visualizado. Tais potencialidades pertencem ao lado obscuro do eu: sabemos o que fomos, mas ignoramos o que seremos.

39 A *primeira* função do lado endopsíquico é a *memória* ou *reprodução*, que nos liga aos fatos sumidos da consciência, aos dados que se tornaram subliminares ou que foram expulsos e reprimidos.

O que denominamos memória é a faculdade de reproduzir conteúdos inconscientes e é a primeira função a ser claramente distinguida no relacionamento entre a nossa consciência e os conteúdos que realmente não se encontram visíveis.

A *segunda* função endopsíquica constitui um problema mais 40 difícil. Estamos em águas profundas e começamos a entrar na escuridão. Inicialmente vou dar aos senhores o nome da função: *componentes subjetivos das funções conscientes*. Espero conseguir expressar-me com clareza. Quando, por exemplo, encontramos um homem que não vemos há muito tempo, logicamente concebemos um pensamento a seu respeito. Nem sempre pensamos coisas que possam ser ditas imediatamente; talvez admitamos fatos que não sejam verdadeiros, que não se apliquem à pessoa. Obviamente são relações subjetivas que também se dão em relação a coisas e situações. Toda aplicação de uma função consciente, trate ela de qualquer objeto, é sempre acompanhada de reações subjetivas, mais ou menos inadmissíveis, injustas ou imperfeitas. Estamos dolorosamente conscientes de que tais coisas se desenrolam em nós, mas ninguém admite com facilidade estar sujeito a tais fenômenos. Preferimos deixá-los na obscuridade, pois isso nos ajuda a pensar que somos perfeitamente inocentes, agradáveis e honestos, apesar de "um pouquinho exigentes" – os senhores conhecem bem todas essas frases. Na verdade não o somos, pois temos um grande número de reações subjetivas, não sendo nada elogioso admiti-las. A essas reações eu denomino componentes subjetivos. São partes muito importantes das relações com a nossa própria interioridade, onde as coisas se tornam realmente dolorosas. Eis por que nos desagrada entrar nesse mundo sombrio do eu. Não gostamos de admitir nosso próprio lado de sombras. Muitas pessoas, em nossa sociedade civilizada, perderam sua sombra, livraram-se dela, tornando-se apenas bidimensionais: perderam a terceira dimensão e, geralmente, com ela, o próprio corpo. O corpo é o amigo mais duvidoso, por produzir coisas de que não gostamos; há inúmeros fatos a ele relacionados que não podem mesmo ser mencionados. Por isso ele frequentemente é a personificação do lado sombrio do eu. Às vezes representa o "esqueleto escondido no armário", e todo mundo, naturalmente, quer ver-se livre disso. Creio que se esclareceu suficientemente o que desejo expressar com a denominação *componentes subjetivos*. São normalmente uma disposição a reagir de determinada maneira, mas via de regra a disposição não lhe é favorável.

41   Há uma exceção para essa definição: aquela pessoa que não está vivendo seu lado positivo, como se supõe que estejamos todos: o tipo que vive entrando em tudo com o pé esquerdo. Há certos indivíduos que denominamos *pechvögel*, em nosso dialeto suíço (*pitch-birds* seria uma tradução aproximada para o inglês), "desastrados" em português. Sempre se metem em complicações porque vivem sua própria sombra, sua negação. Aquela pessoa que chega tarde a um concerto ou conferência e, devido à sua grande modéstia, ou porque não deseja perturbar os outros, entra cautelosamente no fundo da sala, mas tropeça numa cadeira com grande ruído, atraindo a atenção de todos. Estes são os *pitch-birds* (os desastrados).

42   Chegamos ao *terceiro* componente endopsíquico que não posso classificar exatamente como função. No caso da memória pode-se falar em função, mas a própria memória é função controlável ou voluntária apenas até determinado grau; normalmente ela é cheia de truques, assemelha-se a um cavalo chucro que não se deixa guiar. Recusa-se muitas vezes da maneira mais embaraçosa. E nem é bom falar quanto ao seu relacionamento com as reações e componentes subjetivos. Agora, então, o quadro começa a piorar, pois chegou a vez das *emoções* e dos *afetos*. Logicamente não se trata mais de funções, mas sim de acontecimentos, pois numa emoção, como a própria palavra o sugere, somos empurrados, expulsos. O eu decente se anula, sendo substituído por alguma outra coisa. É comum que se diga: "Ele está fora de si", "Está com o diabo", ou "O que foi que te deu hoje?", pois a pessoa em tal estado encontra-se como que realmente possuída. O primitivo não diz que sua raiva ultrapassou todas as medidas, diz que um espírito o tomou e o transtornou por completo. Algo semelhante se dá com as emoções; somos simplesmente possuídos, tornamo-nos irreconhecíveis e o nosso autocontrole desce praticamente a zero. É a condição em que o lado interno do homem o domina, e ele não pode impedir que isso aconteça; pode cerrar os punhos e aguentar quieto, mas não consegue fugir do ataque.

O *quarto* fator endopsíquico importante é o que eu denomi- 43
no *invasão*, quando o lado obscuro, o inconsciente, tem domínio completo e pode irromper na consciência. Então o controle
consciente está totalmente debilitado. Tais momentos não devem
necessariamente ser classificados como patológicos, a não ser no
velho sentido da palavra, quando patologia significava a ciência
das paixões. Na verdade essa é apenas uma condição extraordinária em que o indivíduo é tomado pelo inconsciente, podendo-
-se então esperar dele as coisas mais inabituais. Pode-se perder
a cabeça de maneira mais ou menos normal; não podemos tomar por anormais certos casos bem conhecidos por nossos ancestrais, porque esses mesmos casos são perfeitamente comuns entre os primitivos. Eles os atribuíam a um demônio, a um íncubo
ou a um "espírito" que tomou o indivíduo ou, ainda, ao fato de
terem sido abandonados por uma de suas almas – normalmente
o primitivo julga ter até seis. Quando isso acontece, a pessoa fica subitamente alterada, por encontrar-se privada de si própria,
sente-se perdida. O fenômeno pode ser observado em pacientes
neuróticos. Em certos dias, em certos intervalos, de repente perdem sua energia, eles se perdem, ficando sob influência estranha.
O fato não é em si patológico; pertence à fenomenologia humana mais comum, mas estaremos certos de pensar em neurose se as
crises se tornarem habituais, pois são coisas que realmente condu-
zem à neurose, mas constituem também condição excepcional entre pessoas normais. Apresentar emoções dominadoras não é em
si patológico; é apenas indesejável. Não devemos atribuir o termo patológico a uma coisa apenas por ela ser indesejável, porque
há no mundo muitas coisas desagradáveis que não são patológicas, como, por exemplo, os cobradores de impostos.

Discussão

Dr. J.A. Hadfield:

Em que sentido o senhor usa a palavra emoção? Coincide com 44
o uso normal do termo sentimento? O senhor atribui algum significado especial à palavra emoção?

C.G. Jung:

45   É ótimo que se tenha colocado essa questão, pois normalmente surgem grandes confusões e mal-entendidos quanto ao uso do termo emoção. É lógico que todos têm o direito de fazer o uso que quiserem das palavras, mas na terminologia científica somos obrigados a nos ater a certas distinções a fim de não nos tornarmos obscuros. Os senhores devem estar lembrados de que me referi ao sentimento como função valorativa, sem atribuir-lhe nenhum significado especial. Estou convicto de que essa função é racional quando diferenciada, caso contrário, ela simplesmente acontece, apresentando todas as características arcaicas que podem ser resumidas na palavra "insensatez". Repito que o sentimento consciente é uma função racional de discriminar valores.

46   A palavra "emocional" é invariavelmente aplicada quando surge uma condição caracterizada por inervações fisiológicas. Assim, pode-se medi-las até certo ponto, não em suas manifestações psicológicas, mas físicas. É bem conhecida a teoria James-Lange sobre a emoção[5]. Dou o mesmo significado à emoção e ao afeto. São a mesma coisa que nos afeta, que interfere em nós. Por ela somos carregados, atirados para fora de nós mesmos. O indivíduo fica tão alterado como se uma explosão o tivesse arremessado para fora dos limites da sua pessoa. E nesse momento existe uma condição física realmente tangível e observável. Eis, portanto, a diferença: o sentimento não apresenta manifestações físicas ou fisiológicas tangíveis, ao passo que a emoção se caracteriza por uma condição fisiológica alterada. A teoria James-Lange sobre a emoção diz que só acontece realmente uma emoção quando tomamos consciência das mudanças fisiológicas da condição geral. Tomemos, por exemplo, uma situação em que nos deparamos à beira de sentir raiva; temos certeza de que nos iremos enfurecer, depois sentimos o sangue subir à cabeça. Só então sentimos realmente raiva, nunca antes. Antes é apenas a antecipação mental do que está chegando, mas quando o sangue sobe,

---

5. A teoria foi apresentada independentemente um do outro por William James e o fisiólogo dinamarquês C.G. Lange, e recebe o nome dos dois.

aí somos dominados pela raiva e imediatamente o corpo é afetado. E ao termos consciência de nossa fúria, ela aumenta duas vezes mais. Somente nessa hora é que mergulhamos numa emoção verdadeira. Mas quando temos um sentimento, temos controle. Estamos acima da situação, podendo dizer: "Eu gosto muito", ou "Não gosto nada de tal coisa"; tudo está quieto e nada acontece. Podemos mesmo pacificamente dar a seguinte informação a uma pessoa: "Eu te odeio". Mas quando se diz isso com rancor, então é a emoção que age. Dizê-lo calmamente não causa emoção em nós, nem no outro. As emoções são mais contagiantes, são verdadeiras desencadeadoras de epidemia mental. A multidão que, por exemplo, esteja presa de uma condição emocional, sensibiliza a todos os que nela se encontram, não havendo possibilidade de escapar. Mas os sentimentos dos outros, em absoluto, não nos concernem, e podemos observar que o sentimento diferenciado tem efeito calmo sobre nós, o que não se dá com a pessoa dominada por uma emoção; ela nos atinge porque o fogo continuamente dela se irradia. A chama da emoção está em seu rosto. Através de uma espécie de sincronização o sistema nervoso simpático se altera, fazendo-nos apresentar provavelmente os mesmos sinais dentro de algum tempo, o que não se dá com os sentimentos. Estou sendo claro?

Dr. Henry V. Dicks:

Continuando essa questão, posso perguntar-lhe qual é, a seu 47 ver, a ligação entre afetos e sentimentos?

C.G. Jung:

O problema está apenas numa questão de grau. Se houver um 48 valor obsessivamente forte, sua tendência é tornar-se emoção num dado momento, ou seja, quando atingir a intensidade suficiente para causar uma inervação fisiológica. Todo processo mental provavelmente cause ligeiras inervações desse tipo, e são realmente tão pequenas que não há meios de demonstrá-las. Existe entretanto um método bastante sensível de registrar as emoções em suas manifestações fisiológicas; trata-se do efeito psicogalvânico[6]. Baseia-se na diminuição da resistência elétrica da pele sob a influência emocional, o que não se dá sob a influência do sentimento.

49   Vou citar o seguinte fato como exemplo: fiz uma experiência com um antigo professor da Clínica, que funcionava como meu companheiro de teste num aparelho de mensuração psicogalvânica. Pedi-lhe que imaginasse algo que lhe fosse extremamente desagradável e acerca do qual eu não tivesse conhecimento. O objeto de sua imaginação deveria ser realmente doloroso. Tais experiências eram-lhe muito familiares e sua capacidade de concentração verdadeiramente poderosa. O professor se deteve num determinado fato, mas não se registrou alteração considerável na resistência elétrica da pele. Não surgiu o mínimo acréscimo de corrente. Aí me deu um "estalo": Naquela manhã eu observara que alguma coisa de natureza extremamente desagradável estava acontecendo com o meu chefe. "Bem, vou tentar o golpe", pensei. E disse-lhe: "Não é o caso com o Fulano de Tal?", mencionando-lhe apenas o nome. Imediatamente houve um dilúvio de *emoção*. A reação anterior era apenas referente a um *sentimento*.

50   É curioso que a dor histérica não cause contração das pupilas nem se faça acompanhar de inervação fisiológica, apesar de ser uma dor realmente intensa. A dor física, por outro lado, apresenta contração das pupilas. É possível experimentar sentimentos intensos sem alteração fisiológica, mas tão logo surjam as alterações fisiológicas o indivíduo fica possuído, dissociado; é atirado para fora de sua própria casa que estará, então, entregue aos demônios.

Dr. Eric Graham Howe:

51   Pode-se estabelecer o seguinte paralelo: emoção-conação / sentimento-cognição? Enquanto o sentimento corresponde à cognição, a emoção seria conativa?

---

6. JUNG, C.G. & PETERSON, F. "Investigações psicofísicas com o galvanômetro e o pneumógrafo em pessoas normais e doentes mentais". JUNG, C.G. & RICKSHER. "Investigações adicionais sobre o fenômeno galvânico e a respiração em pessoas normais e doentes mentais". Ambos in: JUNG, C.G. *Estudos experimentais*. Petrópolis: Vozes: 1986 [OC, 2].

C.G.Jung:

Filosoficamente podemos denominá-los assim. Não tenho 52
nada contra.

Dr. Howe:

Posso fazer outra pergunta? Sua classificação em quatro fun- 53
ções, a saber: sensação, pensamento, sentimento e intuição parece-me ser semelhante à classificação em uma, duas, três e quatro
dimensões. O senhor mesmo usou a palavra "tridimensional",
referindo-se ao corpo humano, acrescentando que a intuição di-
feria das outras três por incluir o fator tempo. Corresponderia
ela talvez a uma quarta dimensão? Nesse caso sugiro que a "sensação" corresponda à primeira dimensão; "a cognição perceptual"
à segunda; a "cognição conceptual" (que talvez corresponda à sua
denominação sentimento) à terceira; enquanto que a "intuição"
corresponderia à quarta dimensão.

C.G. Jung:

O senhor pode entender isso assim. Uma vez que a intuição 54
pareça atuar como se às vezes não houvesse tempo e às vezes não
houvesse espaço, pode-se dizer que eu realmente acrescento aqui
uma quarta dimensão. Mas convém não ir muito longe. O conceito de quatro dimensões não produz fatos. A intuição às vezes
se assemelha à máquina do tempo de H.G. Wells[7]. Os senhores se
lembram daquele motor estranho que, quando a gente se assen-
tava sobre ele, era movido no tempo, e não no espaço. O veículo
consistia de quatro colunas, das quais apenas três permaneciam
sempre visíveis; a quarta era muito apagada por representar o fator tempo. Sinto muito, mas a intuição é algo semelhante à quarta coluna. Existe algo como uma percepção inconsciente, ou que
capta as coisas por vias inconscientes para nós. Temos material
empírico suficiente para provar a existência dessa função. Sinto
muito que tais coisas existam. Meu intelecto bem que preferia um
universo de contornos bem definidos, sem conjunções difusas.

---

7. WELLS, H.G. *The Time Machine*. An Invention. [s.l.]: [s.e.], [s.d.].

Mas existem essas teias de aranha no cosmos. Não obstante, não atribuo à intuição nenhum caráter místico. É possível explicar com exatidão por que alguns pássaros voam distâncias fabulosas, ou o porquê das proezas de lagartas, borboletas, formigas e cupins? Aí estão envolvidas várias questões. Considerem o fato de a água possuir a sua maior densidade a quatro graus Celsius. Por que isto? Por que a energia tem limitações quânticas? Pois bem, ela o tem, e isto é embaraçoso. Não é correto que tais coisas sejam assim, mas elas o são. É como a velha pergunta: "Por que fez Deus as moscas?" Ele as fez, e pronto.

Dr. Wilfred R. Bion:

55   Naquela experiência com o professor, por que o senhor pediu a ele que pensasse num fato doloroso e do qual o senhor não tivesse conhecimento? Há alguma importância no fato de ele saber que a outra pessoa tem conhecimento da desagradável experiência mencionada no segundo fato, e isto influi na diferença da reação emocional apresentada nos dois exemplos que nos foram mostrados?

C.G. Jung:

56   Sim, é evidente. Minha ideia se baseava no seguinte: quando sei que meu parceiro não sabe, então a minha reação é mais suportável. Mas quando tenho consciência de que ele também conhece o fato, então a experiência toma outro caráter, e bastante desagradável. Na vida de qualquer médico há casos que se tornam mais ou menos dolorosos quando um colega toma conhecimento deles. E eu tinha quase certeza de que se eu lhe desse a entender que eu sabia do fato, ele pularia como um foguete. E foi o que aconteceu. Era a minha intenção.

Dr. Eric B. Strauss:

57   O Dr. Jung poderia deixar mais claro por que afirma ser o sentimento uma função racional? Para dizer a verdade não sei muito bem o que o senhor entende por *sentimento*. Quase todo

mundo entende com essa palavra polaridades como dor, prazer, relaxamento, tensão etc. Mais adiante, o Dr. Jung afirma que a distinção entre sentimento e emoção é questão de grau. Se assim é, como é que o senhor os coloca, por assim dizer, praticamente em dois lados opostos de uma mesma fronteira? Continuando, o Dr. diz que um dos critérios, ou o critério principal, é que os sentimentos não se fazem acompanhar de mudanças fisiológicas, enquanto que as emoções se fazem acompanhar de tais alterações. Experimentos levados a efeito pelo Prof. Freundlich[8], de Berlim, provam claramente, creio eu, que simples sentimentos, na acepção de prazer, dor, tensão, relaxamento, são forçosamente acompanhados de mudanças fisiológicas, como alteração da pressão sanguínea, que pode agora ser registrada por aparelhos extremamente sensíveis.

C.G. Jung:

É certo que sentimentos, cujo caráter seja emocional, são   58
acompanhados de efeitos fisiológicos, mas há sentimentos que não mudam a condição fisiológica. São sentimentos mentais, não apresentando natureza emocional; essa é a distinção que faço. Levando-se em consideração que o sentimento é uma função de valores, entender-se-á prontamente não ser essa uma condição fisiológica. Pode tratar-se de um dado tão abstrato como o pensamento abstrato. Ninguém vai julgar que o pensamento abstrato seja uma condição fisiológica. Pensamento abstrato é aquilo que o termo indica. O pensamento diferenciado é racional; assim o sentimento pode ser racional, apesar de as pessoas misturarem a terminologia.

Precisamos de uma palavra para a atribuição de valores. Pre-   59
cisamos designar essa função particular como existindo separada das outras, e *sentimento* é um termo adequado. Logicamente, pode-se escolher qualquer outra palavra a gosto, bastando somente que tal fato seja mencionado. Não tenho nenhuma objeção se a maioria dos intelectuais chegarem à conclusão de que sentimento é uma palavra ruim para tal objetivo. Se vocês disserem: "Prefe-

---

8. Talvez uma receita estenográfica para Jacob Freundlich, "Herzstation", Viena: [s.e.], [s.d.].

rimos usar outra palavra", cabe-lhes então a escolha de outro termo para a atribuição de valores, pois o fato valor permanece e precisamos dar-lhe um nome. Comumente o senso de valores é expresso pelo termo "sentimento". Mas não me aferro ao termo. Sou absolutamente liberal em questão de termos; apenas dou a definição dos termos, de modo a poder dizer o que penso ao usar determinado termo. Se alguém disser que sentimento é emoção, ou um fator que provoca o aumento da pressão sanguínea, não colocarei objeção de espécie alguma. Afirmo apenas que não emprego a palavra nesse sentido. Se decidirem que fica proibido usar tal palavra no sentido em que a emprego, não me levantarei contra isso. Os alemães têm as palavras *empfindung* e *gefühl*. Ao lermos Goethe ou Schiller, veremos que mesmo esses poetas misturam as duas funções. Psicólogos alemães recomendaram a supressão da palavra *empfindung* para designar sentimento, e propõem que se use em seu lugar *gefühl* para valores, enquanto que a primeira designaria a sensação. Nenhum psicólogo atual diria: "O sentimento dos meus olhos, da minha pele ou de meus ouvidos". É verdade que há gente dizendo ter sentimento no seu dedo do pé ou na orelha, mas atualmente não é possível mais se servir de uma linguagem científica deste tipo. Tomando ambas as palavras como idênticas, poder-se-iam exprimir os estados mais acalorados pelo termo *empfindung*, mas soaria exatamente como se um francês falasse sobre *Les sensations les plus nobles de l'amour*. Todos seriam tomados pelo riso. Soaria profundamente mal, chocante!

Dr. E.A. Bennet:

60   O senhor acredita que a função superior permaneça consciente durante o período de depressão, no caso de um paciente maníaco-depressivo?

C.G. Jung:

61   Não diria isso. Considerando-se o caso de insanidade maníaco-depressiva, constata-se que ocasionalmente prevalece, na fase maníaca, uma função, e na fase depressiva é sucedida por outra.

Pessoas que são vivazes, sanguíneas, agradáveis e gentis na fase maníaca, e que não pensam muito, subitamente, quando a depressão chega, tornam-se pensativas, tomadas de ideias obsessivas, e vice-versa. Conheço diversos intelectuais de disposição maníaco--depressiva. Na fase maníaca são muito claros, produtivos, pensando livremente e de maneira bastante abstrata. A isso se sucede o período depressivo em que surgem sentimentos fixos e escravizadores. São presas de estados de espírito terríveis; vejam bem: estados de espírito e não pensamentos. Estes são logicamente pormenores psicológicos, observáveis em homens de quarenta anos, ou um pouco mais, que tiveram um tipo particular de vida, de atividade intelectual ou de valores, e subitamente essa estrutura vai abaixo, fazendo surgir exatamente o seu oposto. Há casos semelhantes e interessantes. O caso de Nietzsche atesta de maneira impressionante a mudança de um tipo de psicologia para o seu oposto na idade madura. Na juventude ele foi um aforista, ao estilo francês; mais tarde, aos trinta e oito anos, estourou num ânimo dionisíaco, exatamente oposto a tudo o que já escrevera até ali. *Assim falou Zaratustra* pertence a esse período.

Dr. Bennet:

A melancolia é extrovertida? 62

C.G. Jung:

Não se pode afirmar exatamente isso por ser uma consideração extremamente ampla. A melancolia poderia ser tomada como condição introvertida, o que não significa uma atitude de preferência. Quando se diz que uma determinada pessoa é introvertida, normalmente se pensa que ela prefere um comportamento ou hábitos introvertidos, o que não exclui, entretanto, a existência de um lado extrovertido. Todos temos os dois lados, caso contrário não nos adaptaríamos, não teríamos influência, ficaríamos desintegrados. A depressão é sempre uma condição introvertida. Os melancólicos mergulham numa espécie de condição embrionária; eis por que eles apresentam este acúmulo de sintomas físicos peculiares. 63

Dra. Mary C. Luff:

64   O Prof. Jung considerou a emoção como algo obsessivo que domina o indivíduo. Não compreendi bem qual a distinção que ele faz entre "afeto" e "invasão".

C.G. Jung:

65   Às vezes se experimentam as chamadas "emoções patológicas"; é quando se observam conteúdos particulares jorrando em forma de emoções: pensamentos que nunca surgiram antes, às vezes, pensamentos terríveis e fantasias. Algumas pessoas, quando tomadas de grande fúria, ao invés de apresentarem os costumeiros sentimentos de vingança e assim por diante, têm as mais apavorantes fantasias em que se imaginam cometendo um assassinato, cortando braços e pernas do inimigo e coisas desse tipo. São fragmentos do inconsciente que invadem a consciência e, no caso de uma emoção patológica totalmente desenvolvida, chega-se realmente a um estado de *eclipse* da consciência, ocasião em que as pessoas se tornam tremendamente furiosas, chegando a praticar atos de verdadeira loucura. Isso é uma invasão. E é caso patológico; mas fantasias desse tipo podem ocorrer dentro dos limites da normalidade. Tenho ouvido de pessoas as mais inocentes afirmações como essa: "Eu queria picá-lo em pedacinhos!", e a expressão verbal realmente vem acompanhada de fantasias sangrentas; de outras, "esmagaria os miolos" do causador de sua fúria; e *fazem* na fantasia o que é *dito* meramente como metáfora no estado de calma. Quando essas fantasias se tornam tão vivas que fazem as pessoas terem medo de si mesmas, aí se fala de invasão.

Dra. Luff:

66   É isto uma psicose confusional?

C.G. Jung:

67   Não é absolutamente necessário tratar-se de psicose, nem tampouco precisa ser patológico. Pode-se observar tais reações em pessoas normais quando sob o arrebatamento de determinadas

emoções. Certa vez, passei por um estranho e violento tremor de terra; era a primeira vez em minha vida que eu passava por isso. Fiquei dominado pela ideia de que a terra não era sólida, mas simplesmente a pele de um grande animal que se sacudia como um cavalo, imagem que virtualmente me paralisou por instantes. Depois me libertei da fantasia e me lembrei do que dizem os japoneses por ocasião de um terremoto: que a grande salamandra mudou de posição, a grande salamandra que transporta a terra. Com essa imagem tranquilizei-me, pois percebi que aflorara na minha consciência uma ideia arcaica. Considerei o fato surpreendente, mas não patológico.

Dr. B.D. Hendy:

O Prof. Jung crê que o afeto, segundo sua própria definição, *é causado* por condições fisiológicas características ou que a alteração fisiológica seria, diremos, o *resultado* de uma invasão? 68

C.G. Jung:

A relação corpo-mente constitui um problema extremamente difícil. Pela teoria James-Lange, a emoção é resultado de alteração fisiológica. A pergunta se corpo ou psique é fator preponderante sempre será respondida segundo diferenças de caráter e temperamento. Aqueles que por temperamento preferem a teoria da supremacia do corpo afirmarão que os processos mentais são epifenômenos da química fisiológica. Os que acreditam mais no espírito adotarão a tese contrária: o corpo é apêndice da mente e a causalidade reside no espírito. A questão tem aspectos filosóficos e, por não ser filósofo, não posso arrogar a mim a decisão. Tudo o que se pode observar empiricamente é que processos do corpo e processos mentais desenrolam-se simultaneamente e de maneira totalmente misteriosa para nós. É por causa de nossa cabeça lamentável que não podemos conceber corpo e psique como sendo uma única coisa; provavelmente *são* uma só coisa, mas somos incapazes de conceber isso. A física moderna está sujeita à mesma dificuldade: atentemos para o que acontece com a luz! Comporta-se como se fosse composta de oscilações e ainda formada por 69 corpúsculos. Foi necessário uma fórmula matemática muito complexa, cujo autor é M. de Broglie, para auxiliar a mente humana a conceber a possibilidade de corpúsculos e oscilações serem dois fenômenos que formam uma única e mesma realidade[9]. É impossível *pensar* isso, mas somos obrigados a admiti-lo como postulado.

70   Do mesmo modo o chamado paralelismo psicofísico constitui um outro problema insolúvel. Tome-se, por exemplo, o caso da febre tifoide e suas sequelas psicológicas; se os fatores psíquicos fossem confundidos com uma causalidade, atingiríamos conclusões absurdas. O máximo que se pode afirmar é a existência de certas condições fisiológicas que são claramente produzidas por doenças mentais, e outras que não são causadas, porém meramente acompanhadas de processos psíquicos. Corpo e psique são os dois aspectos do ser vivo, e isso é tudo o que sabemos. Assim, prefiro afirmar que os dois elementos agem simultaneamente, de forma milagrosa, e é melhor deixarmos as coisas assim, pois não podemos imaginá-las juntas. Para meu próprio uso cunhei um termo que ilustra essa existência simultânea; penso que existe um princípio particular de *sincronicidade*[10] ativa no mundo, fazendo com que fatos de certa maneira aconteçam juntos como se fossem um só, apesar de não captarmos essa integração. Talvez um dia possamos descobrir um novo tipo de método matemático, através do qual fiquem provadas essas identidades. Mas atualmente sinto-me totalmente incapaz de afirmar se é o corpo ou a psique que prevalece, ou se eles coexistem.

        Dr. L.J. Bendit:

71   Não pude entender bem quando a "invasão" se torna patológica. O professor sugeriu, na primeira parte da conferência, que

---

9. BROGLIE, L. de. *Licht und Materie.* – Ergebnisse der neuen Physik. 7. ed. Hamburgo/Baden-Baden: [s.e.], 1949. O capítulo "Die Begriffe Welle und Korpuskel" teria sido escrito, segundo a tradução alemã (1949), "em conjunto com Maurice de Broglie".

10. "A sincronicidade como um princípio de conexões acausais". In: JUNG, C.G. *A dinâmica do inconsciente*. Petrópolis: Vozes, 2011 [OC, 8].

isso acontece quando ela se torna habitual. Qual a diferença entre a invasão patológica, a inspiração artística e a criação de ideias?

C.G. Jung:

Entre uma inspiração artística e uma invasão não há absolutamente diferença alguma; são a mesma coisa, por isso eu evito em relação a ambas a palavra "patológica". Eu nunca diria que a inspiração artística é patológica, e por esta razão faço a mesma exceção para as invasões, pois considero a inspiração como um fato perfeitamente normal. Nada há de mal, nada de extraordinário há nela. É uma grande sorte que a inspiração ocasionalmente se manifeste nos seres humanos; ela se dá muito raramente, mas acontece. Mas é bem provável que os acontecimentos patológicos se desenrolem pelo mesmo processo; portanto temos de traçar uma linha divisória em algum ponto. Se os senhores fossem todos alienistas e eu lhes apresentasse um caso, provavelmente o diagnóstico que os senhores me dariam do paciente seria a loucura. Eu não concordaria, pois enquanto esse homem puder explicar-se e eu sentir que podemos manter um contato, afirmarei que ele não está louco. Estar louco é uma concepção extremamente relativa. Em nossa sociedade quando, por exemplo, um negro se porta de determinada maneira, é comum dizer-se: "Ora, ele não passa de um negro", mas se um branco agir da mesma forma é bem possível dizerem que "ele é louco", pois um branco não pode agir daquela forma. "Estar louco" é um conceito social. Usamos restrições e convenções sociais a fim de reconhecermos desequilíbrios mentais. Pode-se dizer que um homem é diferente, comporta-se de maneira fora do comum, tem ideias engraçadas, e se por acaso ele vivesse numa cidadezinha da França ou da Suíça, diriam: "É um sujeito original, um dos habitantes mais originais desse lugar". Mas se trouxermos o tal homem para a rua Harley, ele será considerado doido varrido. Se determinado indivíduo é pintor, todo mundo tende a considerá-lo um homem cheio de originalidades, mas coloque-se o mesmo homem como caixa de um banco e as coisas começarão a acontecer... Dirão que o homem é um louco consumado. Essas opiniões não passam, entretanto, de considerações sociais. Vejamos o exemplo dos hospícios: não é o aumento de insanida-

72

de que faz nossos asilos ficarem apinhados; é o fato de não podermos mais suportar as pessoas anormais, isto sim. Então parece haver muito mais loucos do que antes. Lembro-me, em minha juventude, de pessoas que mais tarde eu reconheceria como esquizofrênicas, às quais nos referíamos da seguinte forma: "Tio fulano é um homem extremamente original". Na minha cidade natal existem vários imbecis, mas ninguém era capaz de dizer: "Ele é um estúpido", ou algo semelhante; mas dizia-se: "Ele é tão bonzinho...". Da mesma forma chamam-se alguns tipos de idiotas de "cretinos", derivado da expressão: *il est bon chrétien* (ele é bom cristão). Seria impossível dizer qualquer outra coisa sobre eles, mas pelo menos eram bons cristãos.

O Presidente:

73   Senhoras e senhores, creio que devemos deixar ao Prof. Jung ainda algum tempo livre nessa noite. Os nossos agradecimentos.

Segunda conferência

O Presidente, Dr. J.A. Hadfield:

74   Senhoras e senhores, já fomos apresentados ao Prof. Jung e do modo mais elogioso possível, mas creio que todos que estivemos presentes à última palestra sabemos que tais referências não são exageradas. O Dr. Jung referiu-se às funções da psique humana: sentimento, pensamento, intuição e sensação. Não pude deixar de sentir que nele, ao contrário do que afirmou, essas funções estão totalmente diferenciadas. Também tive uma "impressão", a revelar-me que todas as suas funções se encontram unidas ao centro por um grande senso de humor. Nada consegue me convencer da verdade de uma determinada concepção mais do que a tranquilidade de seu criador em abordá-la sem excessiva seriedade.

Foi o que fez na noite passada o Dr. Jung. Seriedade excessiva ao considerar determinado assunto deve-se sempre ao fato de a pessoa não estar muito convicta do que deseja demonstrar.

C.G. Jung:

Senhoras e senhores, ontem abordamos as funções da cons- 75
ciência e hoje desejo terminar esse tópico relacionado com a estrutura da mente. A discussão sobre a mente humana não estaria
completa se nela não incluíssemos a existência dos processos inconscientes. Permitam-me resumir brevemente as reflexões surgi-
das na noite passada.

Não se pode lidar diretamente com os processos inconscien- 76
tes por serem eles dotados de uma natureza inatingível. Não são
imediatamente captáveis, revelando-se apenas através dos seus
produtos, pelos quais inferimos que deve existir uma fonte que os
produza. Essa esfera obscura é denominada inconsciente.

Os conteúdos ectopsíquicos da consciência derivam, em pri- 77
meiro lugar, do ambiente, e são recebidos através dos sentidos.
Além disso, também provêm de outras fontes, como a memória e
os processos de julgamento, que pertencem aos setores endopsíquicos. Uma terceira fonte de conteúdos conscientes seria o lado
obscuro da mente: o inconsciente. Conseguimos uma aproxima-
ção dele através das propriedades das funções endopsíquicas, as
funções que não se encontram sob o domínio da vontade. São o
veículo através do qual os conteúdos inconscientes atingem a superfície da consciência.

Apesar de os processos inconscientes não serem diretamente 78
observáveis, podemos classificar seus produtos, que atingem o limiar da consciência, em duas classes: a primeira contém material
reconhecível, de origem definidamente pessoal; são aquisições do
indivíduo ou produtos de processos instintivos que completam,
inteiram a personalidade. Há ainda os conteúdos esquecidos ou
reprimidos, mais os dados criativos. Nada existe de peculiar em
tais fatores. Em outras pessoas os elementos a que nos estamos
referindo podem ser conscientes; muita gente está consciente de
coisas que outras ignoram. Dei a essa classe de conteúdos o nome
de *mente subconsciente* ou *inconsciente pessoal*, porque, dentro
dos limites do nosso julgamento, creio ser tal camada inteiramente
composta de elementos pessoais e componentes da personalidade
humana em seu todo.

79   A seguir há uma outra classe de conteúdos, cuja origem é totalmente desconhecida ou, pelo menos, tais fatores têm origem que não pode em hipótese alguma ser atribuída a aquisições individuais. Sua particularidade mais inerente é o caráter mítico. É como se pertencessem à *humanidade* em geral, e não a uma determinada psique individual. Ao defrontar-me pela primeira vez com tais conteúdos, perguntei-me se sua origem não era hereditária e acreditei que pudessem ser explicados através da herança racial. A fim de esclarecer este problema, fui para os Estados Unidos estudar os sonhos dos negros de raça não misturada e cheguei à conclusão de que tais imagens não têm nada a ver com o problema de sangue ou de herança racial. E também não são adquiridas pelo indivíduo. São próprias da humanidade em geral, sendo, pois, de natureza *coletiva*.

80   Dei o nome de *arquétipos*[11] a esses padrões coletivos, valendo-me de uma expressão de Santo Agostinho. Arquétipo significa um *typos* (impressão, marca-impressão), um agrupamento definido de caráter arcaico que, em forma e significado, encerra *motivos mitológicos*, os quais surgem em forma pura nos contos de fadas, nos mitos, nas lendas e no folclore. Alguns desses motivos mais conhecidos são: a figura do herói, do redentor, do dragão (sempre relacionado com o herói, que deverá vencê-lo), da baleia ou do monstro que engole o herói[12]. Outra variação desse mito do herói e do dragão é a *katábasis*, a descida ao abismo, ou *nekyia*. Os senhores se lembram da *Odisseia*, quando Ulisses desce *ad inferos* para consultar Tirésias, o vidente. O mito do *nekyia* encontra-se em toda a Antiguidade e praticamente no mundo todo. Expressa o mecanismo da introversão da mente consciente em direção às camadas mais profundas da psique inconsciente. Desse nível derivam conteúdos de caráter mitológico ou impessoal, em outras palavras, os arquétipos que denominei *inconsciente coletivo* ou *impessoal*.

---

11. Cf., entre outros, *Os arquétipos e o inconsciente coletivo*. Petrópolis: Vozes, 2011 [OC, 9/1].

12. JUNG, C.G. *Símbolos da transformação*: análise dos prelúdios de uma esquizofrenia. Petrópolis: Vozes, 2011 [OC, 5; índice analítico].

Com relação a esse ponto posso traçar apenas um esboço mí-   81
nimo, mas é possível dar aos senhores um exemplo de seu simbolismo e de como procedo para discriminá-lo do inconsciente pessoal.
Na América, quando de minha investigação sobre o inconsciente
dos negros, tinha em mente esse problema particular: são tais ma-
trizes coletivas herdadas racialmente, ou serão elas "categorias a
priori da imaginação", como dois franceses, Hubert e Mauss[13],
as denominaram, independentemente de meu trabalho sobre o
mesmo problema. Um negro contou-me o sonho em que *surgia
a figura de um homem crucificado sobre uma roda*[14]. Não vem
ao caso relatar o sonho todo. Evidentemente, continha alusões a
fatos pessoais, bem como elementos de significado impessoal, mas
dele recolhi apenas o motivo que mencionei há pouco. Era um
negro do Sul, sem cultura ou inteligência que particularmente se
destacassem. Seria bem mais provável, dado o caráter religioso dos
negros, que o negro tivesse sonhado com um homem crucificado
numa cruz. A cruz seria uma aquisição pessoal. Mas a crucifixão
numa roda é bem mais improvável no seu contexto cultural. Trata-
-se de imagem bastante incomum. É evidente que não posso provar
que, por alguma coincidência, o homem não tenha visto alguma
gravura, ou ouvido alguma coisa que, mais tarde, o levara a sonhar
com essa figura; mas, caso não tenha acontecido nada disso, estaremos diante de uma imagem arquetípica, porque a crucifixão sobre
a roda é um motivo mitológico. É a velha roda do Sol, e o sacrifício
propiciatório se dirige ao Rei Sol, da mesma forma que sacrifícios
humanos e de animais eram oferecidos para a fertilidade da terra.
A roda do Sol é uma ideia arcaica, talvez a ideia religiosa mais velha
de que se tenha conhecimento. Podemos atribuí-la às eras mesolí-
ticas e paleolíticas, como o provam esculturas da Rodésia. A roda
realmente só apareceu na idade do bronze; no paleolítico ainda
não fora inventada. A roda do Sol rodesiana parece ser contempo-
rânea de pinturas de animais muito naturalísticas como o famoso
rinoceronte e os caracarás, obra-prima de observação. A roda do

---

13. HUBERT, H. & MAUSS, M. *Mélanges d'histoire des religions* – Travaux de
l'Année sociologique. Paris: [s.e.], 1909, p. XXIX.

14. JUNG, C.G. *Símbolos da transformação*. Op. cit., § 154.

Sol rodesiana é, portanto, uma visão original, provavelmente a imagem solar arquetípica[15]. Mas tal imagem não é naturalística, pois se encontra sempre dividida em quatro ou oito partes.

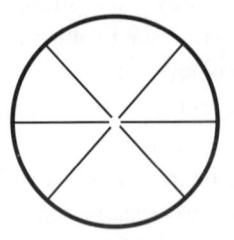

Fig. 3 – A roda do Sol

Essa esfera de centro dividido é um símbolo que pode ser encontrado ao longo de toda a história da humanidade, bem como nos sonhos dos indivíduos que vivem no mundo atual. Podemos presumir que a invenção da roda originou-se mesmo nesta visão. Muitos de nossos inventos se originam de antecipações mitológicas e de imagens primordiais. Por exemplo, a arte da alquimia é a mãe da química moderna. Nossa mentalidade científica partiu da matriz de nossa mente inconsciente.

82   No sonho em questão, o homem sobre a roda é a repetição do motivo mitológico grego do Íxion que, por causa de suas ofensas aos homens e aos deuses, fora amarrado por Zeus a uma roda que girava sem cessar. Dei-lhes este exemplo apenas para ilustrar e tornar mais concreta a ideia do inconsciente coletivo. Um único exemplo não pode, evidentemente, ser prova cabal. Mas também não podemos imaginar facilmente que esse negro tenha estudado

---

15. Cf. JUNG, C.G. "Psicologia e poesia". In: JUNG, C.G. *O espírito na arte e na ciência*. Petrópolis: Vozes, 2011 [OC, 15; § 150]. Cf. tb. "Psicologia e religião: The Terry Lectures". In: JUNG, C.G. *Psicologia da religião ocidental e oriental*. Petrópolis: Vozes, 2011 [OC, 11/1; § 100]; • "Bruder Klaus". In: JUNG, C.G. *Psicologia da religião ocidental e oriental*. Petrópolis: Vozes, 2011 [OC, 11; § 484]. Não é possível dar uma documentação das rodas do Sol rodesianas, embora tais figuras, entalhadas em pedra, tenham sido encontradas em Angola e África do Sul. Cf. WILLCOX, A.R. *The Rock Art of South Africa*. Joanesburgo: [s.e.], 1963, Fig. 23 e quadros XVII-XX. A datação é incerta. A pintura "O rinoceronte e os caracarás" procede do Transvaal e encontra-se num museu de Pretória.

mitologia grega, e é também muito improvável que tenha visto gravuras a ela relativas. E, além disso, figurações de Íxion são bastante raras.

Poderia dar-lhes provas mais definitivas, para afirmar a existência de tais embasamentos mitológicos no inconsciente. Mas, para apresentar um material desse tipo, precisaria dar conferências durante quinze dias. Inicialmente deveria explicar aos presentes o significado de sonhos e de séries de sonhos, traçar todos os paralelos históricos e explicar a importância de tudo isso, pois o simbolismo e o significado de tais ideias e imagens não entra em nenhum programa de universidade, e mesmo especialistas raramente são informados a esse respeito. Tive que estudar um vasto material durante anos a fio, sozinho, e não posso esperar que mesmo a mais seleta audiência esteja a par de ideias tão abstrusas. Quando chegarmos à técnica de análise dos sonhos terei de abordar parte desse material mítico, aí surgirá a ideia aproximada do que seja o trabalho de encontrar paralelos aos produtos do inconsciente. No momento tenho de me satisfazer com a afirmação de que há padrões mitológicos naquelas camadas inconscientes, que produzem elementos impossíveis de serem atribuídos ao indivíduo, podendo mesmo ser de natureza psíquica totalmente oposta à personalidade do sonhador. Podemos ficar fortemente impressionados com o fato de uma pessoa sem cultura ter um sonho que não lhe pareça adequado, por revelar as coisas mais surpreendentes. E os sonhos de crianças normalmente nos fazem pensar tanto que quase temos de tirar um dia de folga a fim de nos recobrarmos da surpresa que eles nos causam. Trata-se de símbolos tão profundos que é impossível deixar de se perguntar: "Como pode uma criança sonhar coisas assim?"

A explicação é bem mais simples do que julgamos. Nossa mente tem sua história, bem como nosso corpo. Pode-se às vezes ficar intrigado pelo fato de o homem ter um apêndice. Para que serve? Bem, ele nasceu assim, e acabou-se. Milhões de pessoas não sabem que têm um timo, mas isso não impede que ele exista. Também não sabem que, em certa parte, sua anatomia pertence à espécie dos peixes, entretanto é assim. Nossa mente inconsciente, bem como nosso corpo, é um depositário de relíquias e memórias do passado. Um estudo da estrutura do inconsciente coletivo revelaria as mesmas descobertas que se fazem em anatomia comparada. Não precisamos pensar na existência de um fator místico ou coisa que o valha. Mas ao falar do inconsciente coletivo tenho sempre sido acusado de "obscurantismo". Não há misticismo algum, trata-se apenas de um novo ramo da ciência e é realmente de senso comum admitir-se a existência de processos coletivos inconscientes. Pois, embora uma criança não nasça consciente, sua mente não é *tabula rasa*; ela vem ao mundo com uma interioridade definida, e a mente de uma criança inglesa não é a mesma, nem trabalha como a de um aborígene australiano, mas sim, no mesmo sentido que o faz uma pessoa dos dias atuais na Inglaterra. O cérebro nasce com uma estrutura acabada, funcionará de maneira a inserir-se no mundo de hoje, tendo entretanto a sua história. Foi elaborado ao longo de milhões de anos e representa a história da qual é o resultado. Naturalmente traços de tal história estão presentes como em todo o corpo, e, se mergulharmos em direção à estrutura básica da mente, por certo encontraremos traços de uma mente arcaica.

85   A ideia do inconsciente coletivo é bastante simples, caso contrário poder-se-ia falar de um milagre. E, em absoluto, não sou do tipo milagreiro. Atenho-me simplesmente à experiência. Se houvesse possibilidade de narrar-lhes as experiências, os senhores tirariam as mesmas conclusões sobre os motivos arcaicos. Por um acaso, atirei-me de algum modo à mitologia e talvez tenha lido mais livros do que os senhores. Entretanto não me dediquei sempre a estudos mitológicos. Quando eu ainda fazia parte da Clínica, encontrei um paciente esquizofrênico, que tivera uma visão estranha, e acabou por contá-la a mim. Ele queria que eu a compreendesse e por burrice eu não conseguia fazê-lo. Pensei: "Esse homem é um louco e eu sou normal, sua visão não me deve aborrecer". Mas isto não me tranquilizou e me perguntei: "O que significa isto?" A simples loucura como causa não me satisfazia, e mais tarde encontrei um livro de um estudioso alemão, Albrecht Dieterich[16], onde publicara parte de um papiro mágico. Estudei-o com interesse, e na página sete encontrei, palavra por palavra, a

16. DIETERICH, A. *Eine Mithrasliturgie*. 2. ed. Berlim: [s.e.], 1910.

visão do meu lunático. Levei um choque: "Como é possível que esse sujeito tenha tido a mesma visão?" Não se tratava apenas de uma imagem, mas de uma série delas, e de sua repetição literal por parte do paciente. Não vamos estender-nos muito sobre isso, porque poderíamos tomar muito do tempo que temos disponível. Por ser um caso realmente interessante, resolvi publicá-lo[17].

O paralelismo surpreendente fez-me não abandonar o traba- 86 lho oferecido pelo problema. Provavelmente o livro do brilhante Prof. Dieterich não foi lido pelos senhores, mas se o tivessem feito, se houvessem observado os mesmos casos, teriam provavelmente descoberto a ideia do inconsciente coletivo.

A camada mais profunda que conseguimos atingir na mente 87 do inconsciente é aquela em que o homem "perde" a sua individualidade particular, mas onde sua mente se alarga mergulhando na mente da humanidade – não a consciência, mas o inconsciente, onde somos todos iguais. Como o corpo tem sua conformação anatômica com dois olhos, duas orelhas, um nariz e assim por diante, e apenas ligeiras diferenças individuais, o mesmo se dá com a mente em sua conformação básica. A esse nível coletivo não somos mais entidades separadas, somos um. Podemos compreender isso quando estudamos a psicologia dos povos primitivos. O fato que mais salta à vista, na mentalidade primitiva, é essa falta de diferenciação entre os indivíduos, essa união de sujeito e objeto, essa *participation mystique*, como a chama Lévy-Bruhl[18]. A conformação mental do primitivo exprime a estrutura básica da mente humana, aquela camada psíquica que para nós é o inconsciente coletivo, aquele nível subjacente que é o mesmo em todos nós e, devido a tal igualdade básica, não se podem fazer distinções nas experiências que se dão nesse nível. Lá não se sabe se aconteceu alguma coisa com você ou comigo. No inconsciente subjacente há uma inteireza impossível de ser dissecada. Se começarmos a

---

17. JUNG, C.G. *Símbolos da transformação*. Op. cit., § 151s.; "O conceito do inconsciente coletivo", § 105; "A importância da constituição e da herança para a psicologia", § 228; "A estrutura da alma", § 318s.

18. LÉVY-BRUHL, L. *Les fonctions mentales dans les sociétés inférieures*. Paris: [s.e.], 1912, entre outras obras.

pensar que participação é um fato que significa nossa identidade fundamental em todas as coisas, seremos levados a conclusões teóricas bem fora do comum. Não convém ir muito além disso, pois tais coisas podem ficar perigosas. Mas algumas conclusões devem ser exploradas, pois podem explicar muitos fatos estranhos que sucedem aos homens.

88   Para resumir, trouxe um diagrama (Fig. 4). Parece um tanto complicado, mas, na verdade, é bem simples.

Suponhamos que nossa esfera mental se pareça com um globo iluminado; a superfície da qual emana a luz corresponde à função com a qual nos adaptamos predominantemente. Se formos do tipo racional, abordaremos as coisas através do pensamento, que é a nossa faceta mais visível para as pessoas. Será outra função, se o nosso tipo for outro[19].

89   No diagrama, a *sensação* aparece como função periférica, através da qual se recebe informação sobre o mundo dos objetos exteriores. No segundo círculo, *pensamento*, entram as coisas recebidas pelos sentidos, e aí recebem um nome. A seguir, surgirá, em relação a elas, um *sentimento*. E no final teremos uma certa consciência da origem e do destino das coisas percebidas, bem como da maneira pela qual elas se desenrolam no presente. É a *intuição* que nos faz ver o que está acontecendo atrás da esquina. Estas quatro funções formam o sistema ectopsíquico.

90   A próxima esfera representa o complexo consciente do eu, ao qual as funções se referem. Na endopsique surge primeiro a *memória*, que ainda é uma função que pode ser controlada pela vontade; ainda está sob o controle do complexo do eu. A seguir, encontramos as *componentes subjetivas das funções*. Não podem ser totalmente dirigidas pela vontade, mas podem ainda ser suprimidas, excluídas ou intensificadas através da força da vontade. Tais componentes não são mais tão controláveis quanto a memória, embora até ela seja meio cheia de truques, como os senhores sabem. Aí chegamos aos *afetos e invasões*, controláveis apenas através de força sobre-humana; podemos reprimi-los e nada mais.

---

19. Descrição geral dos tipos e funções, cf. JUNG, C.G. *Tipos psicológicos*. Petrópolis: Vozes, 2011 [OC, 6; cap. 10].

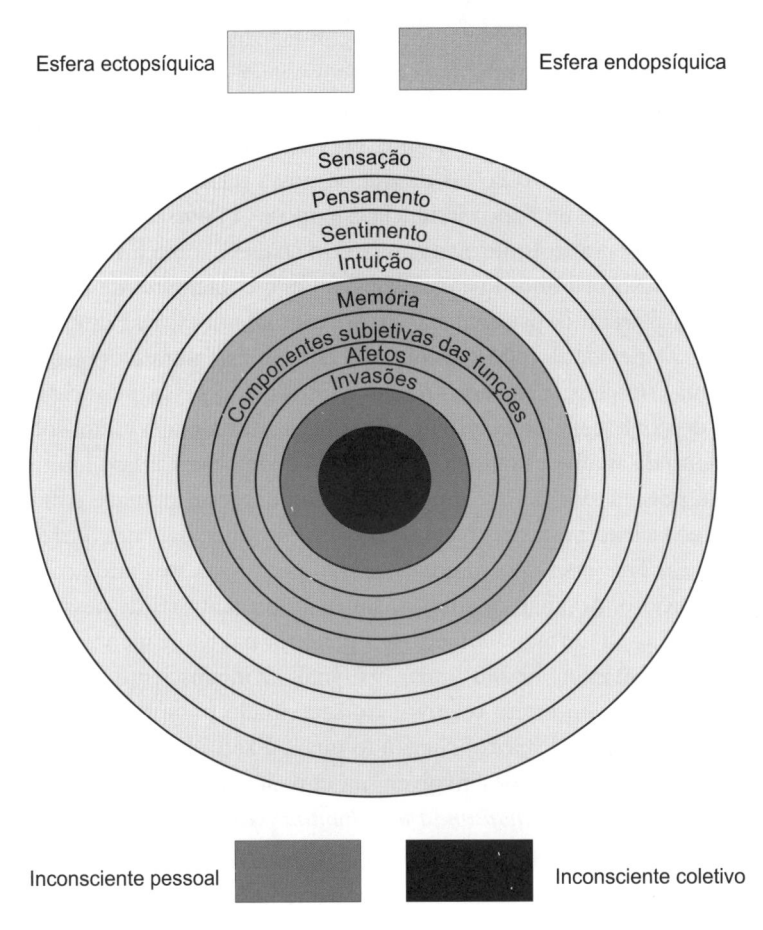

Fig. 4 – A psique

Devemos cerrar os punhos para não explodir, pois esses fatores podem ser mais fortes do que o complexo do eu.

Tal sistema psíquico não pode, realmente, ser expresso através de um diagrama tão precário. O presente diagrama seria mais uma escala de valores que demonstra como a energia, ou a intensidade do complexo do eu que se manifesta como força de vontade, gradualmente decresce, à medida em que nos aproximamos da escuridão existente nos últimos degraus da estrutura – o inconsciente. Inicialmente temos a mente subconsciente de base pessoal. O *inconsciente pessoal* é aquela parte da psique que contém elementos que também poderiam aflorar à consciência. Sabemos que mil e uma coisas são ditas de maneira inconsciente, mas essa é apenas uma afirmação relativa; nesta esfera particular não há nada que seja necessariamente inconsciente. Há pessoas que estão conscientes de quase todas as coisas de que se possa ter consciência. Obviamente existe uma inconsciência espantosa em nossa civilização, mas ao observarmos outras raças, outros países, como a Índia e a China, descobriremos que esses povos estão conscientes de coisas que obrigariam os psicanalistas de nossos países a escavar durante meses. A pessoa simples, vivendo em condições naturais, apresenta uma consciência extraordinária de fatos que o pessoal das cidades desconhece, e de que só agora começa a ter alguma visão, sob o efeito da análise psicológica. Na escola pude observar isso muito bem, pois eu vivera no campo, entre camponeses e animais, e minha consciência estava repleta de coisas desconhecidas para outros rapazes. Tive essa oportunidade, e não encarava esses fatos com preconceito. Ao analisar sonhos, sintomas ou fantasias de pessoas neuróticas ou normais, começa-se a penetrar na mente inconsciente e é possível abolir seu limiar artificial. O inconsciente pessoal é realmente algo muito relativo, e o seu círculo pode ser restrito, tornando-se bem estreito, chegando quase à zero. É provável que um homem venha a desenvolver sua consciência a tal ponto que possa dizer *Nihil humanum, a me alienum puto*[20].

92   Eis, afinal, o cerne da semente, impossível de ser trazido à consciência – a esfera do mundo arquetípico. Seus conteúdos presumíveis aparecem sob a forma de imagens que apenas podem ser entendidas quando comparadas com paralelos históricos. Caso certo material não seja reconhecido como histórico, e não se possuam os paralelos, será impossível integrar tais elementos na consciência, permanecendo eles projetados. Os conteúdos do *inconsciente coletivo* não se encontram sujeitos a nenhuma intenção arbitrária, nem são manejáveis pela vontade. Na verdade, agem como se não existissem na pessoa – conseguimos vê-los em

---

20. Cf. TERÊNCIO (Publius Terentius Afer). *Heauton Timorumenos*. 1, 1, 25. Londres/Cambridge, Mass.: [s.e.], 1953: *Homo sum, humani nihil a me alienum puto* (Sou homem, e nada do que é humano considero que me seja estranho).

nosso próximo, mas não em nós mesmos. Quando seus conteúdos são ativados, percebemos certas coisas nos outros seres humanos. Descobrimos, por exemplo, que os abissínios cruéis estão atacando a Itália. Os senhores conhecem a famosa história de Anatole France: dois camponeses viviam brigando, e houve alguém que quis trazê-los à razão e perguntou a um deles: "Por que você odeia tanto o seu vizinho e vive brigando desse jeito?" Ao que o outro replicou: "Ora, ele nasceu do outro lado do rio!" (*Mais il est de l'autre côté de la rivière!*)[21]. É o que se dá com a França e a Alemanha. Nós, os suíços, durante a guerra, tivemos muita oportunidade de ler os jornais e estudar o mecanismo especial que agia como dois grandes canhões, de um lado e do outro do Reno. E era evidente que uns viam nos outros o defeito que não conseguiam enxergar em si mesmos.

Via de regra, quando o inconsciente coletivo se torna verda-   93
deiramente constelado em grandes grupos sociais, a consequência será uma quebra pública, uma epidemia mental que pode conduzir a revoluções, guerra, ou coisa semelhante. Tais movimentos são tremendamente contagiosos, eu diria inexoravelmente contagiosos, pois, quando o inconsciente coletivo é ativado, ninguém mais é a mesma pessoa. Você não está apenas no movimento, mas *é* o próprio movimento. Quem viveu na Alemanha ou lá esteve por algum tempo tentava defender-se, mas era em vão. Isto entra na pele. Somos humanos, e no mundo, onde quer que estejamos, é possível nos defendermos apenas através de restrição de ordem consciente, fazendo-nos tão vazios, tão sem alma quanto pudermos. Aí perdemos o nosso espírito, para tornar-nos apenas um pobre grão de consciência flutuando num mar de vida que nos é estranho. Mas, se permanecermos nós mesmos, veremos que a atmosfera coletiva entra em nossa pele. É impossível viver na África, ou em qualquer outro desses países, sem tê-los penetrados no sangue da gente. Não se pode impedir que isso aconteça, pois em algum lugar somos também um negro, ou um chinês ou qualquer outro homem do mundo, em tal hora somos apenas seres humanos da mesma raça que todos os homens. Temos os mesmos arqué-

---

21. FRANCE, A. *L'Ile des Pingouins*. Paris: [s.e.], 1908, p. Xs., citado livremente.

tipos, assim como todos possuímos fígado, olhos e coração. Não importa que a pele seja negra. Evidentemente há uma importância relativa, pois provavelmente o negro terá uma camada cultural a menos que você. Os diferentes estratos da mente correspondem à história das raças.

94   Se os senhores se aprofundarem no estudo das raças, como eu o fiz, farão descobertas interessantes. O americano, pelo fato de viver numa terra virgem, tem o índio dentro de si; ele também é um pele vermelha. Tanto o indígena (que provavelmente ele nunca viu), como o negro (apesar de viver na condição de pária, e dos veículos coletivos, reservados apenas para os brancos), entram no americano, e descobriremos que ele pertence a uma nação mestiça[22]. Tal fato é totalmente inconsciente, e apenas podemos falar a esse respeito com pessoas realmente esclarecidas. É igualmente difícil falar a alemães e franceses quando se quer explicar-lhes por que vivem constantemente em divergência.

95   Há algum tempo atrás passei uma noite agradável em Paris. Era convidado de alguns homens bastante cultos e nossa conversa foi muito boa. Pediram minha opinião sobre diferenças nacionais, e julguei o momento adequado para botar a minha colherada na mistura: "O que vocês valorizam é *la clarté latine, la clarté de l'esprit latin,* eis por que o pensamento de vocês é inferior. É inferior quando comparado ao germânico". Ficaram de orelha em pé e eu continuei: "Mas o sentimento de vocês é insuperável, é totalmente diferenciado". Perguntaram-me: "Como assim?" Repliquei: "Vejam, por exemplo, um café, um *vaudeville*, ou qualquer lugar em que se ouvem canções ou encenações dramáticas, aí se nota um fenômeno muito particular: há um grande número de coisas grotescas e cínicas, mas de repente qualquer coisa de valor sentimental acontece – a mãe perde um filho, um romance se concretiza ou então explode qualquer fato extremamente patriótico, e a gente é forçado a ir até as lágrimas. Para vocês, sal e açúcar têm de vir sempre juntos. Mas um alemão consegue

---

22. Cf. "Alma e terra". In: JUNG, C.G. *Civilização em transição*. Petrópolis: Vozes, 1974 [OC, 10 § 94s.]; Cf. tb. "As complicações da psicologia americana". In: JUNG, C.G. *Civilização em transição*. Petrópolis: Vozes, 2011 [OC, 10].

aguentar uma noite inteira só à base de açúcar, o que é impossível para os franceses. Vocês encontram uma pessoa e dizem: *Enchanté de faire votre connaissance*, mas ninguém está *enchanté* coisíssima nenhuma; o que se sente na verdade é: 'Ora, não me aborreça muito'. Mas ninguém se perturba com isso. Agora, nunca digam a um alemão: *Enchanté de faire votre connaissance*, porque ele vai acreditar nisso. Um alemão nos vende um par de suspensórios e não espera apenas, como seria natural, que o paguemos, mas sim que o amemos por isso".

A nação alemã se caracteriza pela sua inferioridade em relação à função do sentimento, pela sua indiferenciação. Se dissermos isso a um alemão ele ficará ofendido, e eu também ficaria. São muito apegados ao que chamam de *gemütlichkeit* – uma sala cheia de fumaça, onde todos são amigos. Isto é o *gemütlichkeit*, que não deve ser perturbado; para eles isto tem de ser entendido de uma vez e sem aparentar dúvidas. É *la clarte germanique du sentiment*, e é inferior. Por outro lado é uma grande ofensa dizer qualquer coisa paradoxal a um francês, pois ele sempre quer a clareza. Um filósofo inglês disse: "Uma mente superior nunca é muito clara". É certo, e o mesmo se dá com um sentimento superior. É possível desfrutar indefinidamente de um sentimento apenas quando ele é ligeiramente duvidoso; e um pensamento que não encerre a mínima contradição não pode ser convincente. 96

Nosso problema daqui para frente será: como abordaremos a face obscura da mente humana? Poderemos consegui-lo através de três métodos de análise: o teste da associação de palavras, a análise dos sonhos e a imaginação ativa. Para iniciar, vamos ater-nos aos *testes de associação de palavras*[23], que para muitos dos presentes talvez pareçam ultrapassados, mas tenho de referir-me ainda a eles por continuarem sendo usados. Atualmente emprego estes testes não em pacientes, mas em casos criminais. 97

Estou repetindo coisas sobejamente conhecidas, mas, enfim... Faz-se a experiência com uma lista de, digamos, cem palavras. Diz--se à pessoa que se submete ao teste para reagir com a primeira 98

---

23. *Estudos experimentais* [OC, 2].

palavra que lhe passe pela cabeça, e o mais depressa possível, depois de ter ouvido e entendido a palavra-estímulo. A experiência só começa depois de se ter certeza que a pessoa entendeu o mecanismo. Marca-se o tempo de cada resposta com um cronômetro. Depois de terminadas as cem palavras, parte-se para outra experiência: repetem-se as palavras-estímulo e a pessoa tem que repetir as suas respostas anteriores; em algum lugar a memória falha, tornando-se a reprodução incerta ou errônea. Tais erros são da maior importância.

99   Originalmente o experimento não se destinava ao seu uso atual; aplicava-se aos estudos das associações mentais, sendo a mais utópica das ideias. Impossível estudar qualquer coisa desse tipo com um método tão rudimentar. Mas é possível estudar outros pontos quando a memória falha, quando as pessoas cometem erros. Usa-se uma palavra tão simples que uma criança possa entendê-la e, de repente, um adulto inteligente vacila diante dela. Por quê? É que tal palavra atingiu um complexo, um conglomerado de conteúdos psíquicos, caracterizados por uma carga emocional peculiar e talvez dolorosa, normalmente inacessíveis ao contato exterior. É como se um projétil arrebentasse a grossa camada da *persona*[24], em direção à camada obscura. Por exemplo: alguém que tenha complexo relacionado com dinheiro será atingido se usarmos palavras como "pagar", "dívida", "comprar" etc. Ocorrerá um distúrbio na reação.

100   Existem doze ou mais categorias de distúrbios, mas mencionarei aqui apenas algumas delas a fim de proporcionar aos senhores a visão de seu valor prático. O prolongamento do tempo da reação é de grande importância prática. Decidimos se o tempo de reação é muito longo tirando a média de todos os outros tempos anteriores. Outras perturbações características são: reagir com mais de uma palavra, contrariando as instruções; engano na reprodução das palavras; reação traduzida por expressão facial; riso; movimento das mãos, dos pés ou do corpo; tosse, gaguejar; reações insuficientes expressas por respostas do tipo "sim" e "não"; não reação ao ver-

---

24. "O eu e o inconsciente". In: JUNG, C.G. *Dois escritos sobre psicologia analítica*. Petrópolis: Vozes, 2011 [OC, 7/2; § 245s., 304s.].

dadeiro sentido da palavra-estímulo; repetição das mesmas palavras; uso de língua estrangeira – perigo quase inexistente na Inglaterra, mas frequente entre nós (Suíça); reprodução defeituosa quando as palavras começam a escapar à memória; ausência absoluta de reação.

Estas reações encontram-se fora do domínio da vontade. Se 101 alguém dos presentes se submeter à experiência, não haverá como escapar à verdade, nem se recusando a tomar parte, pois então já se sabe o que motivou a relutância. Se apresentarmos o teste a um criminoso e ele se recusar, tal passo será fatal, pois o motivo da recusa estará evidente. Se concordar, estará ele próprio dando o laço da forca. Em Zurique sou chamado pela Corte quando surge um caso difícil; sou o último recurso.

Os resultados dos testes de associação podem ser claramente 102 ilustrados através de um diagrama (Fig. 5). A altura das colunas representa o verdadeiro tempo de reação ao teste. A linha horizontal pontilhada é a média comum dos tempos. As colunas em branco são as reações desprovidas de distúrbio. As colunas sombreadas apresentam reações com distúrbio. Por exemplo, nas reações 7, 8, 9 e 10 há uma série completa de distúrbios. A palavra-estímulo número sete foi muito forte e crítica e, sem que a pessoa notasse, as três reações subsequentes foram mais longas devido à perseveração da reação do estímulo inicial. A pessoa não tinha a mínima consciência de ter sofrido uma emoção. A reação 13 apresenta um distúrbio isolado, e de 16 a 20 temos uma série completa de distúrbios. As reações mais fortes se encontram em 18 e 19. Nesse caso temos de tratar com a chamada intensificação da sensitividade através do efeito sensibilizador de uma emoção inconsciente: quando uma palavra-estímulo crítica provocou uma reação emocionalmente perseverante e quando a palavra-estímulo crítica seguinte ocorre na faixa da perseveração, seu efeito pode ser maior do que o esperado se viesse numa série de associações indiferentes. É o chamado efeito sensibilizador de uma emoção perseverante.

No tratamento de casos criminais podemos usar tal efeito or- 103 denando os estímulos críticos de tal modo a ocorrerem no intervalo presumível da perseveração. Isto é realizado a fim de aumentar o efeito das palavras-estímulo de natureza crítica. Testando-se uma pessoa suspeita, as palavras-estímulo críticas devem ter conexão direta com o crime.

104   O teste da Fig. 5 é de um homem de aproximadamente 35 anos, pessoa decente que me servia de base para muitos testes. Tive que trabalhar com muitas pessoas normais antes de abordar o campo patológico. Se os senhores quiserem saber o que perturbou esse homem, basta que leiam as palavras críticas e as ajuntem. É possível descobrir com exatidão do que se tratava.

105   Para começar, foi a palavra *faca* que provocou quatro reações com distúrbio. A seguir, *lança, bater, pontiagudo e garrafa*. O registro foi feito numa lista curta de cinquenta palavras-estímulo, permitindo-me dizer-lhe claramente o que tinha acontecido. Comecei assim: "Não sabia que o senhor tinha passado por uma experiência tão desagradável". O homem olhou-me seriamente e disse: "Não sei a que o senhor está se referindo". Continuei: "Bem, o senhor estava bêbado, teve um caso desagradável e acabou esfaqueando alguém". E ele: "Como o senhor descobriu isso?" E aí confessou tudo. Ele vinha de uma família simples, mas

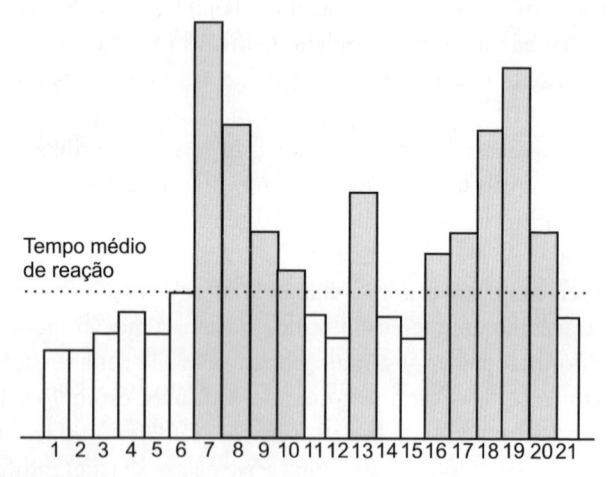

Fig. 5 – Teste de associação

respeitável, de ótimas pessoas. Estivera viajando, e depois de embebedar-se acabou esfaqueando alguém e pegando um ano de cadeia. Eis o segredo que escondia porque lançava uma mancha em sua vida. Ninguém na sua cidade, nem nas redondezas, sabia nada desse caso, a não ser eu que tropecei nele por acaso... Nas minhas experiências em Zurique também faço esse tipo de teste. Os que querem confessar são naturalmente bem-vindos. Entretanto sempre peço aos pesquisadores para trazerem material de uma pessoa conhecida por eles e não por mim, e mostro-lhes como ler as histórias; às vezes fazemos descobertas incríveis.

Vejamos outro caso: Muitos anos atrás, quando eu ainda [106] era médico recém-formado, um velho professor de criminologia perguntou-me sobre a experiência e afirmou não acreditar nisso. "Não, professor? O senhor pode submeter-se a ela quando quiser". Convidou-me uma noite, e apliquei-lhe o teste. Depois de dez palavras ele se cansou e disse: "O que você pode fazer com essas coisas? Daí não vai sair mais nada". Expliquei-lhe que não se pode conseguir nada com apenas dez ou doze palavras; depois de cem pode ser que surja alguma coisa. "E você pode fazer algo com o que já tem aí?" "Muito pouco", respondi. "Mas posso dizer-lhe isso: há bem pouco tempo o senhor teve problemas financeiros; faltou-lhe dinheiro. O seu medo é de morrer de doença cardíaca; seus estudos devem ter sido feitos na França, onde o senhor teve um romance que tem voltado ultimamente à sua memória, pois, frequentemente, quando se tem medo de morrer, velhas e doces recordações retornam do ventre dos tempos". "Como você descobriu isso?" Qualquer criança acertaria! Era um homem de setenta e dois anos que à palavra *coração* associou *dor*: medo de morrer de síncope. Associou *morte* a *morrer*, reação natural, e a *dinheiro, muito pouco*, o que também é normal. Então as coisas começaram a ficar surpreendentes. A *pagar* associou, depois de um tempo consideravelmente longo de reação, *la semeuse*, embora nosso diálogo se desse em alemão. O motivo é a famosa figura da moeda francesa. Então, por que cargas d'água esse velhinho diria *la semeuse*? Quando chegou a palavra *beijo*, o tempo de reação tornou-se novamente longo e seus olhos brilharam quando ele disse: *bonita*. Aí construí a história tranquilamente. O professor jamais se expressaria em francês se a essa língua não estivesse associado um sentimento particular, e então devemos pensar na razão de ele ter usado o francês para exprimir-se. Será que ele tivera prejuízos com o franco francês? Não havia problema de desvalorização, nem de inflação naquele tempo. Certamente esse não era o caminho. Eu estava em dúvida se a coisa era amor ou dinheiro. Mas quando chegamos a *beijo/bonita*, não houve mais dúvidas que era amor. Ele não era o tipo de homem que iria à França em idade madura, mas estudara direito em Paris, provavelmente na Sorbonne. Foi relativamente simples alinhavar a história.

107 Ocasionalmente pode-se chegar a verdadeiras tragédias. A Fig. 6 é o caso de uma mulher de aproximadamente trinta anos de idade. Ela estava na clínica e o diagnóstico era esquizofrenia de caráter depressivo. A prognose era igualmente negativa. A paciente estava sob minha responsabilidade e eu tinha por ela uma afeição especial. Era impossível concordar com a prognose, pois esquizofrenia já começava a ser uma ideia relativa para mim. Eu acreditava que éramos todos um pouco loucos, mas essa mulher era estranha, e eu não podia aceitar o diagnóstico como última palavra. Infelizmente, naquele tempo conhecíamos muito pouco. É óbvio que fiz a anamnese, mas nada do que foi descoberto esclareceu o caso. Foi quando a submeti ao teste das associações, fazendo finalmente uma descoberta estarrecedora. A primeira perturbação foi causada pela palavra anjo e uma ausência total de reação à palavra *obstinado*. A seguir vinham *mau, rico, dinheiro, estúpido, querida* e *casar*. Bem, essa mulher era casada com um homem de posses, que ocupava uma posição muito boa, parecendo serem ambos felizes. Interroguei o marido e só consegui descobrir, como a paciente já o declarara, que a depressão chegara mais ou menos dois meses depois que sua filha mais velha morrera, uma garotinha de quatro anos. Nada mais pôde ser encontrado sobre a etiologia do caso. O teste de associações colocou-me diante de uma série de reações estonteantes, e até mesmo ininteligíveis para mim. É comum ficar-se nessa situação, principalmente quando se lida com um tal tipo de diagnose. Aí pergunta-se à pessoa sobre as palavras que não se relacionam diretamente ao problema. Se abordarmos diretamente os distúrbios mais sérios, chegaremos a respostas errôneas. Por

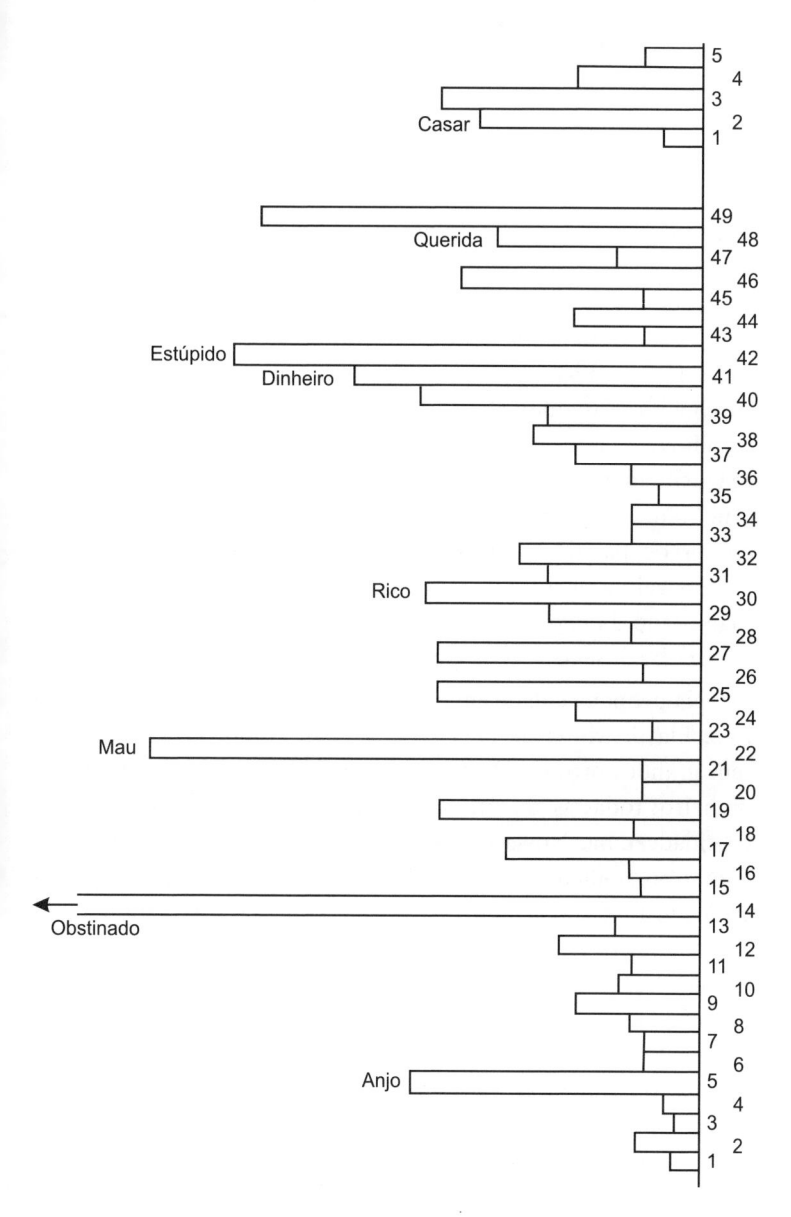

Fig. 6 – Teste de associação

isso é aconselhável começar com palavras relativamente inofensivas e então possivelmente as respostas serão mais honestas. "Bem, o que há com esse *anjo*? Essa palavra significa alguma coisa para você?", perguntei. "Lógico. É a filha que perdi." E a isso sucedeu uma crise de choro. Quando a tempestade passou, perguntei: "E o que significa *obstinado* para você?" "Não significa nada." Insisti: "Mas a palavra causou um grande distúrbio, portanto deve haver qualquer coisa ligada a ela". Não pude ir mais longe. Então tomei a palavra *mau*. Aí definitivamente não consegui extrair mais nada. Houve uma reação negativa muito séria, provando que ela não queria responder. Detive-me, então, em *azul*, e ela disse: "São os olhos da criança que perdi". "Eles a impressionavam muito?" "Evidentemente. Eram esplendidamente azuis quando o bebê nasceu." Notei a expressão de seu rosto e perguntei: "Por que você está preocupada?" "É que ela não tinha os olhos de meu marido". Depois veio a história de que a criança tinha os olhos de um ex-namorado da paciente. "O que a perturba em relação a esse homem?" E consegui fazê-la contar a história inteira.

108   Na pequena cidade em que ela nascera havia um jovem muito rico. Ela provinha de uma família financeiramente estável, mas sem grande fortuna. O rapaz era da aristocracia, possuía muito dinheiro; todas as garotas sonhavam com ele, sendo pois o herói da cidadezinha. Nossa paciente era bonita e pensou que teria algumas possibilidades em relação ao rapaz. Mais tarde descobriu estar enganada, e a família disse: "A troco de que pensar nele? É um homem rico e nem nota a sua existência. Veja Fulano de tal, um homem de bem. Por que não se casa com ele?" E assim ela o fez, e os dois viveram perfeitamente bem, até que um velho amigo da cidadezinha natal foi visitá-la. Quando o marido saiu da sala, o cavalheiro disse: "Você fez um certo cavalheiro sofrer muito" (referindo-se ao antigo herói). – "O quê? Eu o fiz sofrer?" – "Você por acaso não sabia que ele a amava e teve um choque quando soube do seu casamento?" Isso fez a casa vir abaixo, mas a paciente conseguiu reprimir a emoção. Quinze dias depois, ela estava dando banho nas crianças, um menino de dois anos e uma menina de quatro. A água da cidade não era recomendável – não era na Suíça que o caso se passava. Estava na verdade infectada

de febre tifoide. A mulher viu que a menininha estava chupando uma esponja de banho. E não interferiu. Quando o menino pediu água para beber ela lhe deu da água possivelmente contaminada. A menina contraiu tifo, morrendo logo depois. Mas o garoto conseguiu salvar-se. Assim ela teve o que queria – ou o que o diabo queria dentro dela: a recusa do casamento para poder casar-se com outro homem. Considerando-se as coisas sob tal ângulo, ela simplesmente cometera um assassinato. A paciente não o sabia; apenas contou-me os fatos sem tirar a conclusão de que era responsável pela morte da criança, desde que sabia que a água estava infectada e que havia perigo. Deparei-me com a questão de dizer-lhe, ou não, que havia cometido um crime (era apenas questão de *dizer-lhe*, não havia a menor ameaça de processo criminal). Se eu lhe dissesse a verdade, sua condição poderia piorar muito, mas, de qualquer forma, já havia uma péssima prognose; mas se ela pudesse tomar consciência profunda do seu ato, haveria chances de que sua doença encontrasse cura. Afinal, tomei a decisão de dizer-lhe simplesmente: "Você matou sua filha". Um forte estado emocional a afogou, mas depois a paciente conseguiu chegar à realidade dos fatos. Em três meses pudemos dar-lhe alta, e ela nunca mais voltou. Examinei-a durante quinze anos e não houve recaída. A depressão anterior adaptava-se psicologicamente ao seu caso: a doente era uma criminosa, que em outras circunstâncias mereceria a pena máxima. Praticamente salvei-a da punição da loucura, colocando-lhe um enorme fardo sobre a consciência. Quem aceita o seu pecado pode viver com ele. Se não aceitar tem de suportar as inevitáveis consequências.

Discussão

Dr. George Simon:

Gostaria de retomar o ponto da noite passada. Lá pelo fim da conferência, o Prof. Jung falou em funções mais elevadas e mais baixas e afirmou que o tipo "pensamento" usa a função sentimento de maneira arcaica. Gostaria de saber se o reverso também é verdadeiro: O tipo sentimento pensa de modo arcaico? Em outras palavras: O pensamento e a intuição devem ser sempre considera- 109 dos como funções superiores, quando relacionados à sensação e ao sentimento? Pergunto isso porque concluí a partir de outras conferências que a sensação era a mais baixa das funções, enquanto que o pensamento seria a mais elevada. É certo que em nossos dias o pensamento parece ser a atividade mais admirada. Um professor, pensando em seu trabalho, considera e é considerado um tipo muito mais importante do que o camponês que diz: "Às vezes me assento e penso. E às vezes só me assento".

C.G. Jung:

110   Espero não ter dado a impressão de ter minhas preferências por qualquer uma das funções. A função dominante num determinado indivíduo é sempre a mais diferenciada. E isso pode acontecer com qualquer uma delas. Não existe absolutamente critério que nos permita dizer se esta ou aquela função é a melhor. Podemos apenas afirmar que a mais diferenciada se presta à adaptação do indivíduo, e a que é mais excluída pela superior não consegue diferenciar-se, pela falta de uso. Há algumas pessoas modernas que costumam afirmar que a intuição é a mais nobre das funções. Não há dúvida que as pessoas menos perseverantes preferem a intuição. O tipo sensação sempre pensa que as outras pessoas são inferiores por não terem o senso do real tão agudo quanto ele o tem; ele é o fulano real e todos os outros são aéreos e fantásticos. Todo mundo julga sua função superior, como o máximo que se pode atingir. E a esse respeito sempre corremos o risco de fazer a grande burrada, e a mais evidente. Para entendermos a verdadeira ordem das funções, é necessário em nossas consciências a mais severa crítica psicológica. Há muita gente pensando que os problemas mundiais podem ser perfeitamente resolvidos pelo pensamento. Mas nenhuma verdade pode ser alcançada sem a intervenção das quatro funções. Quando se *pensa* o mundo, apenas se alcança um quarto dele: os três quartos restantes podem voltar-se contra a gente.

Dr. Eric B. Strauss:

111   O Prof. Jung disse que o teste de associação de palavras era um meio de estudo do inconsciente pessoal. Nos exemplos que nos

foram apresentados os problemas certamente referiam-se à consciência dos pacientes, nunca à inconsciência. Evidentemente, se quisermos dar um passo adiante e procurar o material inconsciente dos pacientes, devemos fazê-los associarem livremente sobre as reações anômalas. Estou me referindo particularmente à associação com a palavra "faca", quando o Prof. Jung tão sutilmente captou a história do incidente desagradável. Aquilo estava certamente na consciência do paciente, pois se as associações fossem inconscientes, e se nossa formação fosse freudiana, poderíamos acreditá-las relacionadas a algum complexo de castração ou alguma coisa semelhante. Não estou afirmando isso, mas não entendo o que o Prof. Jung quer dizer quando afirma que o teste das associações de palavras é destinado a atingir o inconsciente. Com toda a certeza, nos casos apresentados hoje, o teste foi usado para atingir a consciência; ou, pelo menos, o que Freud denominou o pré-consciente.

C.G. Jung:

Gostaria muito que o senhor prestasse mais atenção ao que eu digo. Afirmei que as coisas inconscientes são muito *relativas* – quando estou inconsciente de alguma coisa, esse estado é relativo; em alguns aspectos devo saber o que se passa. Em alguns pontos os conteúdos do inconsciente pessoal são perfeitamente conscientes, mas não os reconhecemos sob nenhum *aspecto ou tempo particular*. 112

Como se pode determinar se uma coisa é consciente ou inconsciente? O único remédio é perguntá-lo a algumas pessoas; não existe outro critério. Pergunta-se: "Você acha que teve alguma hesitação?" E me respondem: "Não, nenhuma. Pelo menos que eu saiba, todos os meus tempos de reação foram iguais". "Você tem consciência de que alguma coisa o perturbou?" "Não, não sei." "Você se lembra do que respondeu na palavra *faca*?" "Não lembro, não." Essa ignorância de fatos é coisa das mais comuns. Quando me perguntam se conheço determinado homem, posso responder que não, porque não me lembro dele, e, portanto não estou consciente de conhecê-lo. Mas quando me dizem que o encontrei há dois anos atrás, que ele é fulano de tal, que faz tais e tais 113 coisas, então respondo: "É lógico que eu o conheço". Conheço-o e não o conheço... Todos os conteúdos do inconsciente pessoal são *relativamente* inconscientes, mesmo o complexo de castração e o complexo do incesto. Eles são perfeitamente conhecidos em certos aspectos, embora não o sejam em outros. Essa relatividade da consciência torna-se indiscutível em casos histéricos. Frequentemente descobrimos que certos fatos, aparentemente inconscientes, são inconscientes apenas para o médico, mas não talvez para a enfermeira ou para os parentes do doente.

114   Certa vez tive que atender um caso interessante numa clínica famosa de Berlim, um caso de sarcomatose múltipla da medula, e, como o diagnóstico partira de um neurologista muito conhecido e respeitado, quase tremi por ter de dar a minha opinião. Perguntei quando surgiram os sintomas e descobri que foi na noite em que o filho da paciente deixara a casa materna para casar-se. Ela era viúva, e obviamente apaixonada pelo próprio filho. Concluí: "Isto não é sarcomatose, mas sim uma histeria comum, que no tempo devido poderemos provar". O neurologista ficou horrorizado pela minha falta de inteligência, de tato ou sei lá do que, e fui obrigado a retirar-me. Mas na rua alguém correu atrás de mim. Era a enfermeira que disse: "Doutor, eu quero agradecer-lhe por ter dito que era histeria. Achei isso desde o começo".

        Dr. Eric Graham Howe:

115   Posso voltar ao que disse o Dr. Strauss? Na noite passada o Prof. Jung reprovou-me por eu meramente usar palavras, mas creio que é importante tornar tais palavras totalmente compreensíveis. Imagine o que aconteceria se o senhor me dissesse que a experiência seria feita com as palavras "místico" e "quarta dimensão". Creio que haveria grandes momentos de demorada e furiosa concentração a cada vez que elas surgissem. Proponho que voltemos ao problema da quarta dimensão, pois creio ser esse um elo extremamente necessário para ajudar o nosso entendimento. O Dr. Strauss fala de *inconsciente* e entendi através do Prof. Jung que tal coisa não existe; o que há é apenas uma inconsciência relativa, que depende de um certo grau de consciência. De acordo com

Freud, existe um lugar, uma entidade, uma coisa chamada inconsciente. Para o Prof. Jung, segundo entendi, essa coisa não existe. Ele se move num meio fluido de relativismo, e Freud num meio estatístico de entidades irrelacionadas. Para esclarecer, Freud é *tridimensional*, enquanto Jung em toda a sua psicologia é *quadridimensional*. Eis por que eu criticaria, caso me fosse permitido, todo o sistema de esquematização do Prof. Jung, pois ele nos apresenta uma visão tridimensional de um sistema que é quadridimensional, a apresentação estática de alguma coisa que é fundamentalmente dinâmica. E, a menos que isso seja explicado, acabaremos confundindo tudo com a terminologia freudiana, sem entendermos mais nada. Eu insistiria num uso mais claro das palavras.

C.G. Jung:

Eu preferiria que o Dr. Graham Howe não fosse tão indiscreto. O senhor está com a razão, mas não deveria dizer essas coisas. Como já disse, tentei começar com as proposições menores, aí o senhor botou a sua colher, falando de "quatro dimensões" e em "místico", afirmando que todos teríamos um longo tempo de reação diante desses estímulos. O senhor está certo, seríamos todos fulminados, porque nesse campo somos todos apenas principiantes. Concordo ser muito difícil fazer da psicologia uma coisa viva, sem dissolvê-la em elementos estáticos. Evidentemente é preciso exprimir-se em termos de quarta dimensão, quando se introduz o fator tempo num sistema tridimensional. Quando se fala em dinâmica e em processos, o fator tempo mostra a sua importância e aí a gente provoca todo o preconceito do mundo, só porque usou a palavra "quadridimensional". Esse é um termo tabu que não deve ser tocado. A História existe e devemos ser bastante cuidadosos com as palavras. Quanto mais se avança na compreensão da psique, tanto mais cuidado se deve ter com a terminologia porque ela é historicamente cunhada e preconcebida. Quanto mais se penetra nos problemas básicos da psicologia, tanto mais se aproxima de ideias religiosa, filosófica e moralmente preconcebidas. Consequentemente, tais coisas devem ser consideradas da maneira a mais cuidadosa.

Dr. Howe:

117   Esse público gostaria que o senhor fosse provocativo. Vou dar uma opinião à queima-roupa. O senhor e eu não consideramos a forma do eu como uma linha reta; estaríamos preparados para conceber a esfera como a verdadeira forma do si-mesmo, em quatro dimensões, das quais uma é o esboço tridimensional. Caso seja isso, responda, por favor, à seguinte pergunta: "Qual o sentido desse si-mesmo que, em quatro dimensões, é uma esfera móvel?" Creio que a resposta seja a seguinte: "O próprio universo inclui o seu conceito do inconsciente racial e coletivo".

C.G. Jung:

118   Agradeceria muito se a pergunta fosse repetida.

Dr. Howe:

119   Qual a extensão dessa esfera, que é o si-mesmo quadridimensional? Não posso impedir-me de responder, afirmando ser ela tão grande quanto o Universo.

C.G. Jung:

120   Trata-se realmente de um problema filosófico e a sua conclusão requer um bom domínio da teoria do conhecimento. O mundo é aquilo que imaginamos. Só uma pessoa infantil julgaria que o mundo é realmente aquilo que pensamos. A imagem do mundo é uma projeção do mundo do si-mesmo, assim como este é uma introjeção do mundo. Mas apenas a mente de um filósofo caminharia além da imagem comum, em que existem coisas estáticas e isoladas. Se fôssemos além de tais imagens, causaríamos um terremoto na mente comum, o cosmo inteiro seria abalado, transformando as mais sagradas convicções e esperanças. E não vejo por que haveríamos de provocar tais inquietações. Não é bom nem para os pacientes, nem para os médicos; talvez seja bom para os filósofos.

Dr. Jan Suttie:

Gostaria de retomar o ponto levantado pelo Dr. Strauss. Com- 121
preendo o que ele queria dizer e creio também que entendo o ponto de vista do Prof. Jung. Pelo que estou vendo, o professor não
consegue ligar as suas ideias às do Dr. Strauss, que desejava saber
como o teste de associação de palavras pode mostrar o inconsciente freudiano, o material que é realmente empurrado para fora da
mente. Até onde consigo entender o Prof. Jung, sua ideia coincide
com a concepção freudiana do *id*. Creio que devemos definir bem
nossas ideias a fim de compará-las, e não simplesmente tomá-las
segundo as interpretações da nossa própria escola.

C.G. Jung:

Devo repetir mais uma vez que meus métodos não descobrem 122
teorias, mas sim *fatos*, e digo aos senhores que fatos eu descobri
através desses métodos. Não posso descobrir um complexo de castração ou um incesto reprimido, ou qualquer coisa semelhante –
descubro somente fatos psicológicos, não teorias. Creio que os senhores confundem muito teoria com fato, ficando talvez desapon-
tados que a experiência não revele um complexo de castração ou
qualquer coisa do mesmo tipo. Mas esse complexo é uma *teoria*.
O que se descobre no método das associações são fatos definidos,
que não conhecíamos anteriormente e que também eram ignora-
dos pelo paciente sob esse ângulo particular. Não digo que não o
conhecesse de outra forma; no trabalho você conhece muita coisa
que ignora em sua casa, e em casa conhece outras tantas que o
trabalho não revela. E todas as outras coisas entram nesse fenômeno. É o que chamaríamos de inconsciente. Não posso penetrar no
inconsciente de maneira *empírica* e depois descobrir a *teoria* do
que Freud chamaria complexo de castração. Esse complexo é uma
ideia mitológica, mas não é descoberto como tal. Na verdade, o
que encontramos são certos fatos agrupados de maneira especial
e os reconhecemos, dando-lhes nomes, de acordo com paralelos
mitológicos ou históricos. Não se pode descobrir um motivo mi-

tológico, pode-se unicamente descobrir um motivo pessoal e isso nunca aparece sob a forma de teoria, mas sim como um fato pulsante da vida humana. Pode-se abstrair uma teoria a partir do fato, seja freudiano, adleriano ou outro. Pode-se pensar o que se quiser sobre os fatos do mundo, e haverá no final tantas teorias quantas forem as cabeças pensantes.

Dr. Suttie:

123 Protesto! Não estou interessado nessa ou naquela teoria, ou em que fatos sejam descobertos ou não, mas estou interessado em *achar* um meio de comunicação através do qual um possa saber o que o outro está pensando, e para isso mantenho minha opinião de que nossas concepções sejam definidas. Precisamos entender o que o outro entende por uma determinada coisa como, por exemplo, o inconsciente de Freud. E quanto a essa palavra, ela vem aos poucos se tornando conhecida de todos, tendo portanto um certo valor social ou ilustrativo. Mas Jung recusa-se a atribuir à palavra "inconsciente" o mesmo valor que Freud lhe atribuiu, e prefere usá-la de tal forma que só podemos entendê-la no sentido do *id*, segundo Freud.

C.G. Jung:

124 A palavra "inconsciente" não é invenção freudiana. Bem antes já era conhecida na filosofia alemã, por Kant, Leibniz e outros, e cada um tem uma definição própria para o termo. Estou perfeitamente acordado para o fato de existirem muitas concepções diferentes do inconsciente, e o que eu estava humildemente tentando fazer era expressar o que entendo por essa palavra, pressupondo que todos aqui conheçam o que Freud considera a esse respeito. Não quero menosprezar a importância de Kant, Leibniz, Von Hartmann ou de qualquer outro homem, incluindo Freud, Adler etc. Estava apenas expondo o que eu entendo por inconsciente. Não pensei que fosse minha missão explicar os fatos de tal modo a perturbar um freudiano em suas convicções. Não tenho a mínima tendência de destruir crenças ou pontos de vista.

Apenas demonstro as minhas próprias convicções, e, se alguém acreditar que o que digo é razoável, dar-me-ei por satisfeito. Para mim, numa acepção geral, é totalmente indiferente o que alguém venha a pensar sobre o inconsciente. Caso contrário, eu teria começado com uma longa dissertação sobre esse conceito segundo Kant, Leibniz, Von Hartmann etc.

Dr. Suttie:

O Dr. Strauss perguntou qual a relação entre o inconsciente 125 concebido pelo senhor e por Freud. É possível estabelecer entre eles uma relação precisa e definida?

C.G. Jung:

O Dr. Graham Howe já respondeu a essa pergunta. Freud vê 126 os processos mentais como fatores estáticos, enquanto eu penso em dinâmica e relacionamento. Para mim tudo é relativo. Não há nada definitivamente inconsciente. É possível ter as mais diferentes ideias quanto ao fato de uma coisa ser desconhecida num aspecto e conhecida noutro. Abro uma única exceção ao padrão mitológico, que é profundamente inconsciente, como posso provar através de fatos.

Dr. Strauss:

Evidentemente há uma grande diferença entre usar o seu teste 127 de associações como detector de mentiras, em relação a crimes, e para descobrir, digamos, uma culpa inconsciente. O criminoso que se encontra sob inquérito está consciente de sua culpa e também do medo de que a falta venha a ser descoberta. O neurótico desconhece a culpa e não sabe que tem medo de ser punido. Pode a mesma técnica ser usada em casos tão diferentes?

O Presidente:

A mulher, cujo caso abordamos, não tinha consciência de sua 128 culpa, embora tivesse permitido que a criança chupasse a esponja.

C.G. Jung:

129 Mostrarei experimentalmente a diferença. A Fig. 7 é um gráfico das respirações durante um teste. Há quatro séries de sete respirações, registradas logo depois das palavras-estímulo – os diagramas representam condensações de respirações depois de estímulos indiferentes e críticos num grande número de pessoas.

130 *A* apresenta respirações depois de estímulos indiferentes. As primeiras inspirações, depois de proferidas as palavras, são contraídas, restritas, enquanto que as seguintes já alcançaram a normalidade.

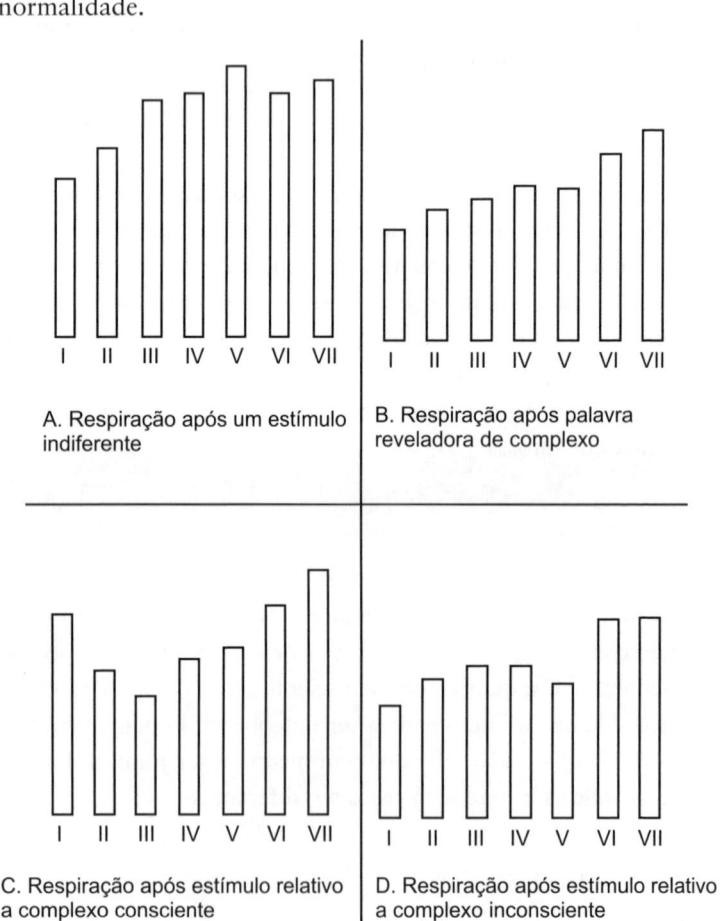

A. Respiração após um estímulo indiferente

B. Respiração após palavra reveladora de complexo

C. Respiração após estímulo relativo a complexo consciente

D. Respiração após estímulo relativo a complexo inconsciente

Fig. 7 – Teste de associação: respiração

Em *B*, onde o estímulo era bem crítico, o volume da respira- 131
ção é mais restrito, sendo que às vezes atinge até a metade do seu
tamanho normal.

Em *C*, temos o comportamento da respiração depois de uma 132
palavra que atingia um complexo que era consciente para a pessoa
testada. A primeira inspiração é quase normal, e apenas mais tarde
surge uma certa restrição.

Em *D*, a respiração se dá depois de um estímulo relacionado 133
a um complexo do qual a pessoa estava inconsciente. Neste caso a
primeira inspiração é acentuadamente pequena, e as seguintes encontram-se um pouco abaixo do normal.

Os presentes diagramas ilustram muito bem as diferenças de 134
reações entre os complexos conscientes e os inconscientes. Em *C*,
por exemplo, o complexo é consciente. A palavra-estímulo atinge
a pessoa causando uma inspiração profunda. Mas quando atinge um complexo inconsciente o volume da respiração é restrito,
como se pode ver em *D, I*. Há um espasmo do tórax, quase não havendo respiração. Dessa forma prova-se empiricamente a diferença fisiológica entre uma reação consciente e outra inconsciente[25].

Dr. Wilfred R. Bion:

O senhor estabeleceu uma analogia entre formas arcaicas do 135
corpo e formas arcaicas da mente. É simplesmente uma analogia,
ou existe um relacionamento mais profundo? Na palestra de ontem foi dita uma coisa que nos leva a crer que o senhor admite a
relação entre mente e cérebro, e há pouco tempo foi publicado no
British Medical Journal um diagnóstico seu, de um sonho provoca-
do por desordem física[26]. Se o tal caso foi corretamente narrado,

---

25. Cf. § 48[6] desta parte.

26. Cf. DAVIE, T.M. "Comments Upon a Case of 'Periventricular Epilepsy'". *British Medical Journal*, II, 17 de agosto de 1935, p. 296. Londres. O sonho foi descrito por um paciente de Davie assim: "Alguém ao meu lado me perguntava insis-
tentemente algo sobre óleo para máquina. Como melhor lubrificação fora sugerido
leite. Eu achei que seria melhor lama úmida. Então uma lagoa foi dragada, e na
lama foram encontrados dois animais mortos. Um deles era um pequeno mastodonte. O outro, não me lembro mais." O comentário de Davie: "Achei interessante

ele apresenta uma sugestão muito importante e fiquei imaginando se o senhor não acredita haver uma conexão mais íntima entre as duas formas de sobrevivência arcaica.

C.G. Jung:

136   O senhor voltou novamente ao problema do paralelo psicofísico, ponto extremamente controvertido, sem resposta, pois está fora do alcance do conhecimento humano. Como tentei explicar ontem, as duas coisas acontecem juntas, de maneira peculiar, e são, creio eu, dois aspectos diferentes somente para nossa inteligência, e não na realidade. Nós as concebemos como duas formas devido à nossa total incapacidade de concebê-las juntas. Devido a essa possível unidade podemos esperar sonhos que tendam mais para o lado psicológico, enquanto outros refletem mais o fisiológico. O sonho ao qual foi feita a referência é uma representação muito clara de desordem orgânica. Tais "representações orgânicas" são extremamente familiares à literatura antiga e à da Idade Média, onde os médicos se valiam dos sonhos para os seus diagnósticos. Não realizei nenhum exame fisiológico do paciente que tivesse esse sonho. Apenas me foi contada a sua história e o sonho a partir dos quais formei minha opinião. Já tive outros casos como, por exemplo, a atrofia muscular muito duvidosa de uma garotinha. Pedi-lhe que contasse seus sonhos, e ela contou-me dois muito coloridos. Um colega que conhecia um pouco de psicologia julgou ser um caso de histeria. Havia realmente sintomas de histeria e não sabíamos se havia atrofia muscular progressiva ou não. Mas os sonhos sugeriram-me que se tratava de problema de ordem orgânica e mais tarde o meu diagnóstico foi confirmado. Os sonhos se referiam definitivamente à condição orgânica[27]. Segundo minha ideia da comunhão da psique com o corpo vivo, as coisas só po-

---

submeter este sonho a Jung e pedir uma interpretação. Sem hesitar disse que o sonho indicava um distúrbio orgânico e, apesar de muitos epifenômenos psicológicos no sonho, a doença não era em primeiro lugar psicológica. A dragagem do lago ele a interpretou como o bloqueio da fluidez cérebro-espinal".

27. Cf. JUNG, C.G. "A aplicação prática da análise dos sonhos". In: JUNG, C.G. *A prática da psicoterapia*. Petrópolis: Vozes, 2011 [OC, 16; § 343s.].

deriam ser assim, e seria uma maravilha se a vida não se desse sob essa forma.

Dr. Bion:

O senhor voltará ao assunto quando tratar dos sonhos?   137

C.G. Jung:

Creio que não será possível abordar esse detalhe; é excessiva- 138
mente particular. Trata-se, na verdade, de um caso de experiência pessoal, e a sua apresentação constituiria um problema difícil. Não seria possível descrever o critério em que me baseio ao julgar um sonho desses. O caso mencionado pelo senhor foi o do pequeno mastodonte. Explicar o que o mastodonte significa de orgânico e por que devo tomar tal sonho como sintoma fisiológico desenca-dearia uma tal polêmica, e os senhores acabariam por me acusar de obscurantismo. Tais coisas são realmente obscuras, e eu teria de falar da mente básica, que pensa por meio de padrões arquetípi-cos. Quando falo de tais padrões, aqueles que têm consciência de-les entendem, mas os outros podem acabar pensando assim: "Esse sujeito é completamente louco, pois se preocupa com diferenças entre mastodontes, cobras e cavalos". Eu deveria dar-lhes um cur-so de aproximadamente quatro semestres sobre simbologia para que os senhores conseguissem seguir o que digo.

Eis o maior problema: há uma enorme distância entre o que é 139
realmente conhecido sobre esses fatos e o que elaborei durante to-dos esses anos. Se eu fosse falar em assuntos semelhantes, mesmo diante de um grupo de médicos, deveria referir-me às particulari-dades do *niveau mental*, para citar Janet, ou poderia igualmente fa-lar em chinês. Por exemplo, eu diria que o *abaissement du niveau mental* mergulha, em certos casos, à altura do *manipura chakra*[28], quer dizer, ao nível do umbigo. Nós, os europeus, não somos as únicas criaturas do mundo. Somos apenas uma península da Ásia, e naquele continente há velhas civilizações onde as pessoas treina-ram suas mentes em psicologia introspectiva durante milhares de

---

28. Cf. § 17 deste volume.

anos, enquanto nós começamos com a nossa psicologia não ontem, mas hoje de manhã. Tive que estudar coisas orientais para entender certos fatos do inconsciente. Tive que voltar atrás para entender o simbolismo oriental. Estou para publicar um pequeno livro sobre um único motivo simbólico[29], que os senhores julgarão ser de arrepiar os cabelos. Tive que estudar não só literatura chinesa e hindu, como também literatura sânscrita e manuscritos latinos de origem desconhecida até mesmo de especialistas e as referências acabam remetendo o leitor ao Museu Britânico para o contato com as fontes. Só quando se está de posse de tal armazenamento de paralelismos pode-se começar a fazer diagnósticos, afirmando que este sonho é orgânico, enquanto que um outro não o é. Até que não se adquiram tais conhecimentos, continuarei não passando de um feiticeiro. Quando ouvem o que digo, costumam dizer: "é um passe de mágica". Também se pensava assim na Idade Média e se perguntava: "Como se pode afirmar que Júpiter tem satélites?" Se a gente responder que é pelo telescópio, o que representará isso para um público medieval?

140 Não quero me superestimar por isso; fico sempre perplexo quando meus colegas perguntam: "Como você estabelece um diagnóstico desses ou chega a tal conclusão?" Respondo normalmente: "Explico se você me permitir dizer o que você deve fazer a fim de entendê-lo". Eu próprio passei pela mesma coisa quando o famoso Einstein era professor de Zurique. Eu o via sempre, e era quando ele estava começando a trabalhar na Teoria da Relatividade. Ele ia com frequência à minha casa e perguntei-lhe sobre a teoria. Não tenho inclinação para matemática, então os senhores podem imaginar toda a dificuldade que o pobre homem teve para me explicar o seu pensamento. Não sabia como fazê-lo e eu sentia-me ao nível do assoalho, terrivelmente pequeno de vê-lo tão atrapalhado. Mas um dia ele me perguntou qualquer coisa sobre psicologia. Aí tirei a minha desforra.

141 O conhecimento específico é uma enorme desvantagem. Leva-nos tão longe que acaba sendo impossível explicar qualquer coisa.

---

29. O motivo do mandala. Sobre este assunto Jung pronunciou algumas semanas antes uma conferência no Eranos-Tagung, publicada no *Eranos-Jahrbuch III* (1935) sob o título "Símbolos oníricos do processo de individuação" e que constitui a parte 2 de *Psicologia e alquimia*. Cf. tb. § 406 deste volume.

Os senhores têm de permitir que eu lhes fale de coisas elementares, e, se essas coisas simples forem aceitas, então surgirá a compreensão de por que cheguei a tais e tais conclusões. Sinto muito termos tão pouco tempo e assim não poder falar-lhes de quase nada. Quando tratarmos dos sonhos vou ter de entregar-me todo, arriscando-me a que os senhores me tomem por um idiota completo, pois não consigo colocar-lhes toda a evidência histórica que dirigiu a minha consciência. Sempre de novo deveria estar citando a literatura chinesa e hindu, textos medievais e todas as coisas que lhes são desconhecidas. Como seria possível? Trabalho com especialistas em todos os campos do conhecimento e eles me auxiliam. Trabalhei com um velho amigo, Prof. Wilhelm, sinólogo. Traduziu-me um texto taoista e pediu-me para comentá-lo, o que fiz sob o ponto de vista psicológico[30]. Para um sinólogo, sou uma novidade espantosa, mas o que eles têm a dizer também é novo para nós. Os filósofos chineses não eram bobos. Imaginamos que os mais velhos o fossem, mas eles eram tão inteligentes quanto a gente. Eram assustadoramente inteligentes, e a psicologia pode aprender infinitamente com as velhas civilizações, especialmente na Índia e na China. Um antigo professor da Sociedade Britânica de Antropologia perguntou-me: "É possível conceber que um povo tão sensível e inteligente como o chinês não tenha ciência?" Respondi: "Eles têm sua ciência, apenas que não é compreendida. Não se baseia no princípio da causalidade. E afinal de contas esse princípio não é o único; ele é apenas relativo".

Pode-se pensar: "Mas que idiota, dizer que a causalidade 142 é apenas relativa!" Basta dar uma olhada na física moderna! O Oriente baseia seu pensamento e sua avaliação de fatos noutro princípio para o qual não temos nenhuma palavra. E a palavra do oriental sobre esse assunto escapa à nossa compreensão. A palavra do Oriente é *Tao*. Meu amigo McDougall[31] tem um aluno chinês e perguntou-lhe: "O que é Tao?" Atitude tipicamente ocidental. O chinês explicou-lhe o que era, e o professor replicou: "Ainda

---

30. JUNG, C.G. & WILHELM, R. *O segredo da flor de ouro* – Um livro de vida chinês. 12. ed. Petrópolis: Vozes, 2010.

31. William McDougall (1871-1938), psiquiatra americano. Cf. JUNG, C.G. "A psicogênese da esquizofrenia". In: JUNG, C.G. *Psicogênese das doenças mentais*. Petrópolis: Vozes, 2011 [OC, 3; § 504]. Cf. tb. "O valor terapêutico da ab-reação". In: JUNG, C.G. *A prática da psicoterapia*. Petrópolis: Vozes, 2011 [OC, 16/2; § 255].

não entendi". Aí o aluno foi até a sacada e perguntou: "O que o senhor está vendo?" – "Uma rua, casas, gente andando, bondes, movimento". "O que mais?" – "Árvores". "O que mais?" – "Mais à frente há uma colina". "E o que mais?" – "O vento está soprando". O chinês abriu os braços e disse: "Isso é Tao".

143   Então os senhores veem. Tao pode ser tudo. Uso uma outra palavra para designá-lo, mas ela é muito pobre. Chamo-a *sincronicidade*. A mente oriental, quando considera um conjunto de coisas, aceita-o como ele é, mas o ocidental divide-o em pequenas porções, em entidades separadas. Vemos, por exemplo, esta reunião de pessoas, e pensamos: "De onde elas vêm?" "Por que elas estão juntas?" O oriental não tem o mínimo interesse por essas coisas. Ele se interroga: "O que significa o fato de essas pessoas estarem juntas?" – problema que nem ocorre à mente ocidental; o homem do Ocidente está interessado em estar junto.

144   É mais ou menos assim: a gente está na praia e as ondas trazem um chapéu velho, um sapato, uma caixa, um peixe morto, que ficam ali na areia. Olhamos e dizemos: "Acaso. Mera bobagem". O chinês se pergunta: "O que significam todas essas coisas juntas?"A mente oriental trabalha com este *estar junto e chegar junto no mesmo instante*; tem um método experimental desconhecido no Ocidente, mas que desempenha um grande papel na filosofia oriental; ele permite antever as possibilidades, e ainda se encontra em uso, pelo governo do Japão, nas situações políticas. Foi usado, por exemplo, na Grande Guerra; sua formulação data de 1143 a.C.[32].

Terceira conferência

O Presidente, Dr. Maurice B. Wright:

145   Senhoras e senhores, foi-me dado o prazer de presidir a conferência de hoje a ser proferida pelo Prof. Jung. Da mesma forma senti-me honrado, há vinte anos atrás, em encontrar o professor

---

32. WILHELM, R. *I Ching* – O livro das mutações.

que vinha a Londres dar uma série de orientações[33]. Naquela época havia apenas um pequeno grupo de médicos com propensão para a psicologia. Lembro bem que depois das reuniões costumávamos ir a um pequeno restaurante no Soho, e conversávamos até ficar exaustos. Obviamente todos tentavam extrair o máximo do Prof. Jung. Quando nos despedimos ele me disse, sem grande seriedade: "Acho que você era um extrovertido que está se introvertendo". Francamente, isso tem-me dado o que pensar desde então.

Permitam-me apenas uma palavra sobre a conferência de on- 146 tem. Julgo que o professor nos deu uma boa ilustração de seu trabalho e de suas concepções quando nos falou do telescópio. Munido dele o homem pode ver bem melhor do que a olho nu. Aí está exatamente a posição do nosso conferencista: com os seus óculos característicos, por meio de sua pesquisa especializada, adquiriu tal conhecimento, tal visão da psique humana que é difícil para nós captá-la. Obviamente, será impossível para ele, no espaço de poucas conferências, dar-nos mais que um breve esboço da visão que conseguiu. Na minha opinião, portanto, o que parecer indistinto não o será por obscurantismo, mas sim por uma questão de lentes. Minha própria dificuldade está em que, com os músculos de acomodação já endurecidos, ser-me-á impossível enxergar um dia essas coisas de maneira clara, mesmo que o professor me empreste os seus óculos. Entretanto sei que seremos todos atraídos pelo que ele nos vai dizer. E sei o quanto será estimulante para nosso pensamento, especialmente num domínio onde a especulação é tão fácil e a prova tão difícil.

C.G. Jung:

Senhoras e senhores, ontem deveríamos terminar a parte dos 147 testes de associação, mas acabaríamos ultrapassando o tempo permitido. Assim espero que me perdoem por voltar outra vez ao mesmo assunto, não que eu seja particularmente apaixonado por testes de associação. Uso-os apenas em caso de necessidade, mas

---

33. "A importância do inconsciente na psicopatologia" e "A interpretação psicológica dos processos patológicos" [Apêndice a "O conteúdo da psicose". In: JUNG, C.G. *Psicogênese das doenças mentais*. Petrópolis: Vozes, 2011 (OC, 3)].

eles são realmente o fundamento de certas concepções. Falei-lhes ontem sobre perturbações características. E creio que talvez fosse bom resumirmos tudo que existe sobre os resultados da experiência, principalmente no campo dos complexos.

148 Um complexo é um aglomerado de associações – espécie de quadro de natureza psicológica mais ou menos complicada – às vezes de caráter traumático, outras, apenas doloroso e altamente acentuado. Tudo o que se acentua demais é difícil de ser conduzido. Se, por exemplo, qualquer coisa é muito importante para mim, começo a hesitar quando tento executá-la e provavelmente os senhores já observaram que ao me fazerem perguntas difíceis não consigo respondê-las imediatamente porque o assunto é importante e o meu tempo de reação muito longo. Começo a gaguejar e a memória não fornece o material desejado. Tais distúrbios são devidos a complexos – mesmo que o assunto tratado não se refira a um complexo meu. Trata-se simplesmente de um assunto importante, tudo que é acentuadamente sentido torna-se difícil de ser abordado, porque esses conteúdos encontram-se, de uma forma ou outra, ligados com reações fisiológicas, com os processos cardíacos, com o tônus dos vasos sanguíneos, a condição dos intestinos, a inervação da pele, a respiração. Quando houver um tônus alto, será como se esse complexo particular tivesse um corpo próprio e até certo ponto localizado em meu corpo, o que o tornará incontrolável por estar arraigado, acabando por irritar os meus nervos. Aquilo que é dotado de pouco tônus e pouco valor emocional pode ser facilmente posto de lado porque não tem raízes. Não é aderente.

149 Senhoras e senhores, isto nos conduz a alguma coisa realmente importante. O complexo, por ser dotado de tensão ou energia própria, tem a tendência de formar, também por conta própria, uma pequena personalidade. Apresenta uma espécie de corpo e uma determinada quantidade de fisiologia própria, podendo perturbar o coração, o estômago, a pele. Comporta-se, enfim, como uma personalidade parcial. Quando se quer dizer ou fazer alguma coisa e, desgraçadamente, um complexo intervém na intenção inicial, acaba-se dizendo ou fazendo a coisa totalmente oposta ao que se queria de início. Há subitamente uma interrupção, e

a melhor das intenções acaba sendo perturbada, como se tivéssemos sofrido a interferência de um ser humano ou de uma circunstância exterior. Sob essas condições somos mesmo forçados a falar da tendência dos complexos a agirem como se fossem movidos por uma parcela de vontade própria. Quando se fala em força de vontade, naturalmente se pensa em um eu. Onde pois está o eu, ao qual pertence a força dos complexos? O que conhecemos é o nosso próprio complexo do eu, que supomos ter o domínio pleno do corpo. Não é bem isso, mas vamos considerar que ele seja um centro que está de posse do corpo, que exista um foco denominado eu, dotado de vontade e que possa fazer alguma coisa por meio de seus componentes. O eu é um aglomerado de conteúdos altamente dotados de energia e, assim, quase não há diferença ao falarmos de complexos e do complexo do eu.

Pois os complexos têm um certo poder, uma espécie de eu; na condição esquizofrênica eles se emancipam em relação ao controle consciente, a ponto de se tornarem visíveis e audíveis. Aparecem em visões, falam através de vozes que se assemelham às de pessoas definidas. A personificação de complexos não é, em si mesma, condição necessariamente patológica. Nos sonhos eles frequentemente parecem personificados. E uma pessoa poderá treinar a tal ponto que os fará visíveis ou audíveis quando acordada. Faz parte de um determinado treinamento ioga dividir a consciência em seus componentes, fazendo-os aparecer como personalidades definidas. Na psicologia de nosso inconsciente há figuras típicas que têm vida própria e definida[34]. 150

Tudo isso se explica pelo fato de a chamada unidade da consciência ser mera ilusão. É realmente um sonho de desejo. Gostamos de pensar que somos unificados, mas isso não acontece nem nunca aconteceu. Realmente não somos senhores dentro de nossa própria casa. É agradável pensar no poder de nossa vontade, em nossa energia e no que podemos fazer. Mas na hora H descobrimos que podemos fazê-lo até certo ponto, porque somos atrapalhados 151

---

34. Por exemplo, as figuras de *animus* e *anima* em "O eu e o inconsciente". In: JUNG, C.G. *Dois estudos sobre psicologia analítica*. Petrópolis: Vozes, 2011 [OC, 7/2; § 296s.].

por esses pequenos demônios, os complexos. Eles são grupos autônomos de associações, com tendência de movimento próprio, de viverem sua vida independentemente de nossa intenção. Continuo afirmando que o nosso inconsciente pessoal e o inconsciente coletivo constituem um indefinido, porque desconhecido, número de complexos ou de personalidades fragmentárias.

152 Esta ideia explica muita coisa; explica, por exemplo, a razão de o poeta personificar e dar forma a seus conteúdos mentais. Quando se cria um personagem no palco, ou num poema, drama ou romance, normalmente se pensa que isso é apenas um produto da imaginação, mas aquele personagem, por um caminho secreto, fez-se a si mesmo. Qualquer escritor pode negar o caráter psicológico de suas criações, mas na verdade todos sabem da existência desse caráter. Esta é a razão de poder-se ler a psique de um escritor ao estudar-se as suas criações.

153 Os complexos são, então, personalidades parciais ou fragmentárias. Quando falamos de complexo do eu, logicamente o imaginamos ligado a uma consciência, pois o relacionamento dos vários elementos com o centro, em outras palavras, com o eu, é denominado consciência. Mas também temos o agrupamento de conteúdos em relação a um centro e a outros complexos. A partir daí podemos perguntar: "Os complexos representam uma consciência particular?" Se estudarmos o espiritismo manifestado através da escrita automática ou por meio de um médium, veremos que os chamados espíritos apresentam uma consciência particular. Por isso, pessoas predispostas estão inclinadas a crer que os espíritos sejam o fantasma de uma tia, de um avô falecido, e assim por diante. A explicação disto se deve à personalidade mais ou menos definida que é traçada nessas manifestações. É evidente que, quando tratamos de casos de insanidade, ficamos bem menos inclinados a crer em fantasmas. Passamos a enxergar, então, a patologia de tais casos.

154 O mesmo se dá com os complexos, e eu insisto em sua relação com a consciência por eles representarem um grande papel na análise onírica. Os senhores se lembram do meu diagrama (Fig. 4), mostrando as diferentes esferas da mente e, no meio, o centro obscuro do inconsciente. Quanto mais nos aproximamos daquele

centro, tanto mais se experimenta o que Janet chamou de *abaissement du niveau mental*: a autonomia da consciência começa a desaparecer, ficando-se mais e mais sob o fascínio dos conteúdos inconscientes. A autonomia da consciência perde sua tensão e força, que reaparecem na atividade aumentada dos elementos do inconsciente. Pode-se observar a forma extrema desse processo quando se estuda cuidadosamente um caso de insanidade. A fascinação dos conteúdos do inconsciente torna-se gradualmente mais poderosa, até que o paciente mergulhe neste mundo, sendo totalmente vitimado. Ele é, então, a presa de uma nova atividade autônoma, que não parte do eu, mas da esfera sombria.

Para que se atinja um perfeito domínio dos testes de associação devo mencionar uma experiência bem diversa das que estamos vendo. Queiram perdoar-me se, para economizar tempo, não me prendo a detalhes de trabalho, mas estes diagramas (Figs. 8, 9, 10 e 11) ilustram o resultado de volumosas pesquisas realizadas com famílias. Eles representam a *qualidade* das associações[35]. O pequeno ápice da Fig. 8, designado pelo n. XI, é uma classe ou categoria especial de associações. O princípio das classificações é lógico e linguístico. Não vou deter-me nesse ponto e os senhores simplesmente terão que aceitar que estabeleci quinze categorias nas quais divido as associações. Realizamos testes com um grande número de famílias, compostas todas elas, por uma ou outra razão, de pessoas sem cultura, e descobrimos que o tipo de associação é particularmente paralelo entre alguns membros da família; por exemplo, entre pai e mãe, ou entre a mãe e as crianças, o tempo de reação é quase idêntico.   155

A Fig. 8 mostra um casamento extremamente infeliz. O pai era alcoólatra e a mãe um tipo muito estranho. Vemos que a filha de dezesseis anos segue a mãe bem de perto. Aproximadamente 30% das palavras correspondem a associações idênticas. É um caso surpreendente de participação, de contágio mental. Pensando bem nesse caso, podemos tirar certas conclusões. A mãe tinha quarenta e um anos e era casada com um alcoólatra, sendo a sua   156

---

35. A constelação familiar, § 698s. "A importância do pai no destino do indivíduo". In: JUNG, C.G. *Freud e a psicanálise*. Petrópolis: Vozes, 2011 [OC, 4]. Cf. tb. FÜRST, E. *Statistische Untersuchungen über Wortassoziationen und über familiäre Übereinstimmung im Reaktionstypus bei Ungebildeten*.

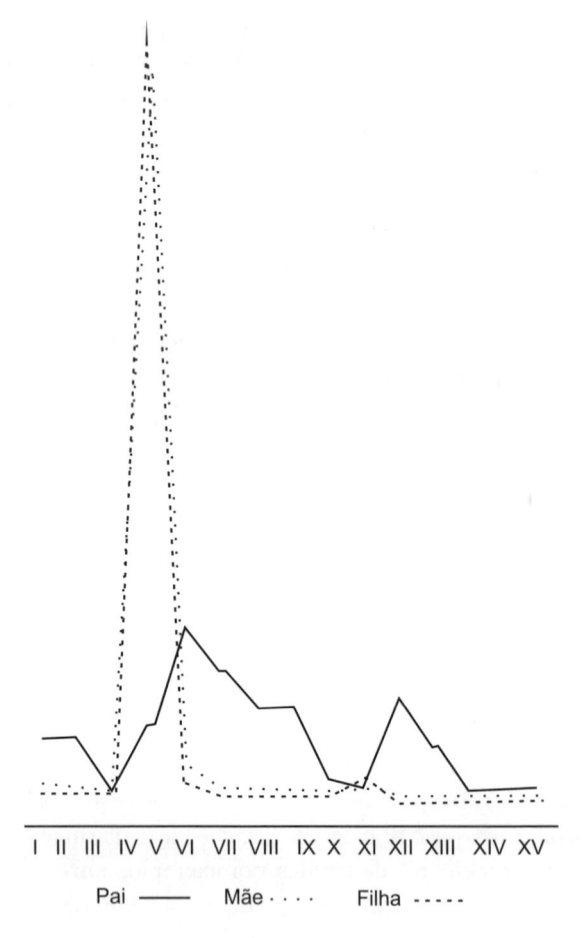

Fig. 8 – Teste de associação de uma família

vida o mais redondo dos fracassos. Bem, a filha apresenta exatamente as mesmas reações da mãe; se tal criatura, uma jovem, se lança ao mundo como se tivesse quarenta e cinco anos e fosse casada com um alcoólatra, imaginem os senhores o que irá acontecer! Esta participação explica por que a filha de um viciado, que teve um inferno como juventude, acabará procurando um outro bêbado para se casar. Caso ele não beba, ela acabará por transformá-lo em bêbado, por causa dessa identificação tão grande com um membro da família.

A Fig. 9 é também um caso surpreendente. O pai, viúvo, ti- 157
nha duas filhas que viviam com ele em completa identidade. É
lógico que isso é antinatural porque, ou ele reage como uma garota, ou as duas moças têm de reagir como um homem, mesmo
na maneira de falar. Todo o quadro mental está envenenado pela
intromissão de um elemento alienatório, pois, de fato, uma jovem
não pode ser seu pai.

A Fig. 10 é o caso de uma esposa e seu marido. O diagrama 158
dá um tom otimista às minhas interpretações negativas. Aqui a
gente vê uma harmonia perfeita, mas não caiam no engano de
julgar que essa é a paz do paraíso, pois estas pessoas vão desavir-
-se dentro em breve, exatamente por serem harmoniosas demais.

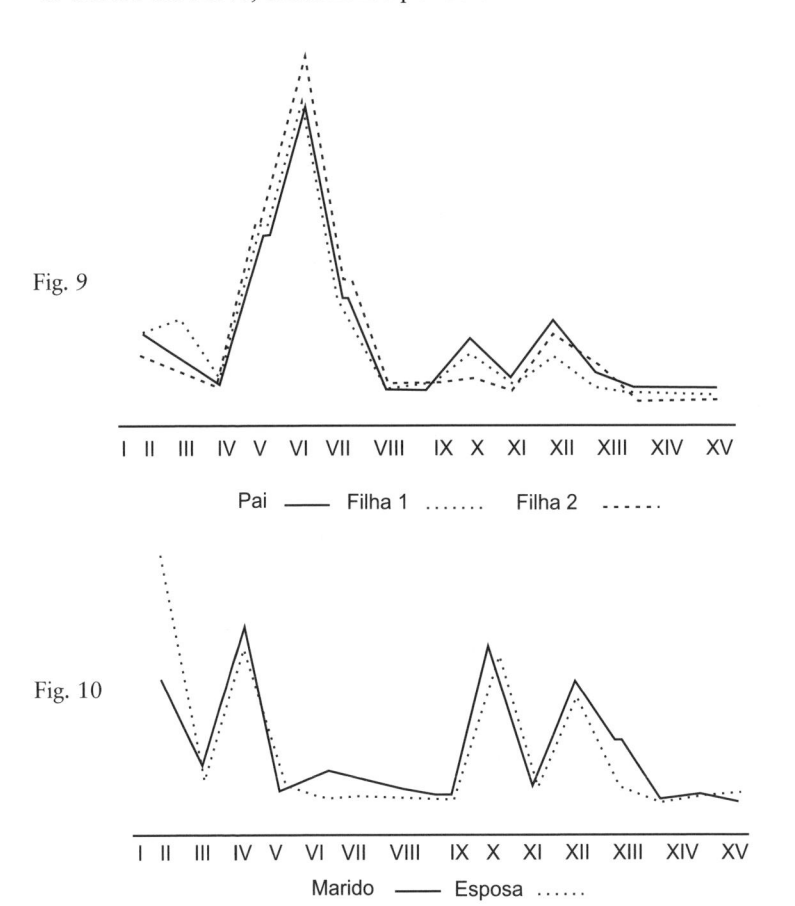

Fig. 9

I II III IV V VI VII VIII IX X XI XII XIII XIV XV

Pai ——— Filha 1 ……… Filha 2 ‐ ‐ ‐ ‐ ‐ ‐

Fig. 10

I II III IV V VI VII VIII IX X XI XII XIII XIV XV

Marido ——— Esposa ……

Uma harmonia total em família, que se baseie em participação, logo leva, em tentativas abertas, a que os esposos rompam um com o outro, para se libertarem, inventando os dois temas irritantes de discussão a fim de terem uma razão de se julgarem incompreendidos. Se estudarmos a psicologia comum do casamento, descobriremos que a maior parte dos problemas se relaciona a invenções caprichosas de tópicos irritantes, totalmente desprovidos de fundamento.

159   A Fig. 11 também é interessante. Essas duas mulheres são irmãs e vivem juntas. Uma casada, a outra solteira. O ápice do gráfico se encontra no ponto V. A esposa na Fig. 10 é irmã dessas duas mulheres e, embora originalmente elas pertençam a um mesmo tipo, esta casou-se com um homem de quem difere muito. O ápice se dá no número III da Fig. 10. A condição de identidade ou de participação demonstrada no teste também pode ser expressa por experiências bem diversas, como por exemplo, a grafologia. A escrita de muitas esposas, particularmente jovens, se assemelha

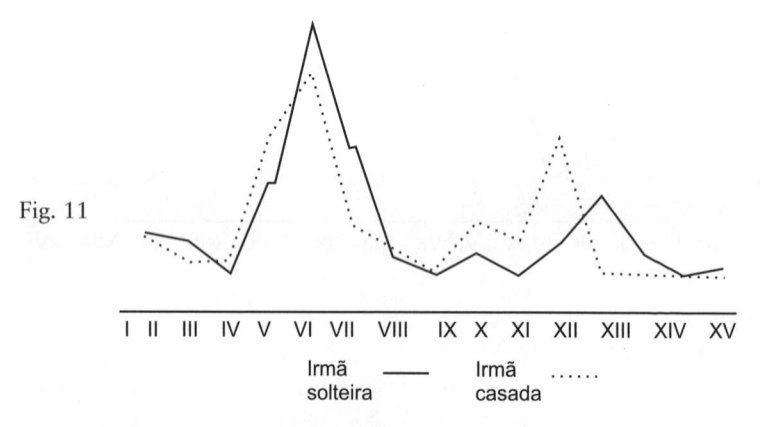

Fig. 11

I II III IV V VI VII VIII IX X XI XII XIII XIV XV

Irmã ———   Irmã ......
solteira   casada

Fig. 9, 10, 11 – Famílias submetidas ao teste de associação

à do marido. Não sei se as coisas ainda são assim, mas a natureza humana permanece mais ou menos a mesma. Às vezes os papéis se invertem, pois o dito sexo frágil eventualmente costuma mostrar a sua força.

160   Senhoras e senhores, agora vamos ultrapassar a fronteira em direção aos sonhos. Não quero dar aqui nenhuma introdução

à análise onírica[36]. Creio que o melhor caminho é mostrar-lhes como procedo em relação a um sonho e assim não se faz necessário uma explicação de ordem teórica, pois os senhores poderão ver quais são as minhas ideias subjacentes. Logicamente, faço um grande uso dos sonhos, pois eles constituem uma fonte objetiva de informação no tratamento psicoterapêutico. Quando nos é apresentado um caso, é muito difícil conter a torrente de ideias sobre ele. Mas quanto mais se souber sobre o caso, mais se deve fazer o esforço heroico de não saber, para dar uma chance em aberto ao paciente. Tento sempre não ver e não saber. É bem melhor passar por estúpido, fazendo aparentemente papel de bobo, pois assim o paciente pode, com mais liberdade, apresentar o seu material. O que não significa que nos devemos fechar o tempo todo.

Este é o caso de um homem de quarenta anos, casado, que 161 antes nunca esteve doente. Sua aparência é boa, dirige uma escola pública; é um fulano muito inteligente que estudou uma psicologia atualmente ultrapassada, a psicologia de Wundt[37], que nada tem a ver com os detalhes da vida humana, movendo-se na estratosfera das ideias abstratas. Recentemente este homem sentiu-se muito perturbado por sintomas neuróticos. Uma espécie de vertigem o dominava de tempos em tempos; e mais: palpitações, náuseas e um estranho ataque de fraqueza e exaustão. Esta síndrome é o quadro de uma doença muito comum na Suíça, a doença das montanhas, mas que frequentemente acomete pessoas não acostumadas a grandes alturas. Perguntei-lhe: "O senhor não estará sofrendo dessa doença?" Respondeu-me: "Sim, o senhor tem razão. É exatamente como a doença das montanhas". Perguntei-lhe ainda se havia sonhado nos últimos dias, e ele contou-me três sonhos.

Não gosto de analisar um único sonho em separado, pois a 162 interpretação seria arbitrária. Pode-se especular o que bem se entender a respeito de um sonho, mas quando comparamos uma

---

36. Cf. JUNG, C.G. "A aplicação prática da análise dos sonhos". In: JUNG, C.G. *A prática da psicoterapia*. Petrópolis: Vozes, 2011 [OC, 16/1]. "Aspectos gerais da psicologia do sonho". In: JUNG, C.G. *A natureza da psique*. Petrópolis: Vozes, 2011 [OC, 8/2]. "Da essência dos sonhos". In: JUNG, C.G. *A natureza da psique*. Petrópolis: Vozes, 2011 [OC, 8/2].

37. WILHELM WUNDT, Leipzig (1832-1920).

série de, digamos, 20 ou 100 deles, então poderemos ver coisas realmente interessantes. Enxerga-se o processo que se desenvolve no inconsciente, noite após noite, e a continuidade da psique inconsciente estendendo-se através do dia e da noite. Presumivelmente sonhamos o dia todo, embora não o percebamos, devido à clareza da consciência. Mas, à noite, quando se dá o *abaissement du niveau mental*, os sonhos irrompem, tornando-se visíveis.

163   No primeiro sonho, *o paciente se encontra numa pequena cidade suíça. Ele surge como uma figura muito solene, de casaco negro e longo; debaixo dos seus braços, carrega vários livros volumosos; há um grupo de rapazes, que ele reconhece como ex-colegas de classe. Olham o paciente e dizem: "Não é sempre que esse fulano aparece aqui".*

164   Para compreendermos esse sonho, devemos lembrar que o paciente ocupa excelente posição e tem ótima cultura científica. Mas o nosso homem começou por baixo, e é realmente o que se pode chamar *self-made man*. Seus pais eram camponeses pobres, e ele trabalhou arduamente para chegar à posição atual. Muito ambicioso e cheio de esperanças de subir ainda mais. É como um homem que tenha, num dia, percorrido a distância do nível do mar, até à altura de montanhas de 6.000 pés, e dali ainda aviste picos de 12.000 pés, que se encontram muito mais acima de sua cabeça, como torres. O lugar em que o paciente se encontra dá acesso a esses picos, o que o faz esquecer que já galgou 6.000 pés, e começa imediatamente a galgar mais alto. Na verdade, embora não o saiba, ele está cansado dessa escalada, e, desta vez, encontra-se completamente incapaz de ir mais longe. Essa falta de consciência é a razão dos sintomas próprios da doença das montanhas. O sonho quer dar-lhe o quadro de sua situação psicológica atual. O contraste entre a figura solene, vestindo longo casaco preto e de livros grossos sob o braço, aparecendo na cidade natal, e os rapazes dizendo que ele não aparece sempre por ali, significa que o paciente geralmente não se lembra de onde veio. Pelo contrário, este homem só pensa em sua carreira, no futuro e na cátedra de professor que espera conseguir. O sonho o coloca de volta no ambiente de origem. Ele precisa considerar o quanto já conseguiu, se levarmos em conta suas condições iniciais. E, também, que há limitações para o esforço humano.

O começo do segundo sonho é típico de uma atitude semelhan- 165 te à sua. *Ele sabe que deve ir a uma importante conferência e prepara sua pasta de papéis para isso. O seu tempo voa e o trem está para partir. O paciente cai no conhecido estado de precipitação e medo de chegar tarde demais. Tenta ajuntar suas roupas, não sabe onde está o chapéu, perdeu o casaco e aí começa a correr pela casa berrando: "Onde estão as minhas coisas?" Finalmente consegue encontrar tudo e sai correndo de casa, mas acaba por descobrir que esqueceu a pasta de papéis. Volta apressadamente e vê no relógio que o tempo está voando. Corre para a estação, mas a rua está tão mole quanto um pântano e seus pés não conseguem mover-se. Ofegante, ele chega à estação, a tempo de ver que o trem acabara de partir. Sua atenção é atraída pela estrada de ferro que aparece como no desenho abaixo.*

O paciente se encontra em A, a cauda do trem se encontra em 166 *B e a máquina já está chegando em C. Observa o trem por muito tempo e pensa: "Se pelo menos o maquinista, ao atingir o ponto D, tiver inteligência suficiente para não se precipitar a todo vapor... Se ele fizer isso, o longo trem que está sendo puxado, e que ainda está fazendo a curva B, acabará descarrilhando". Bem, o maquinista chegou a D e abriu a válvula de vapor completamente; a máquina começa a puxar com mais força e o trem se precipita. O sonhador vê a tragédia se aproximando, o trem sai dos trilhos, ele grita, acordando em seguida, dominado pelo medo característico dos pesadelos.*

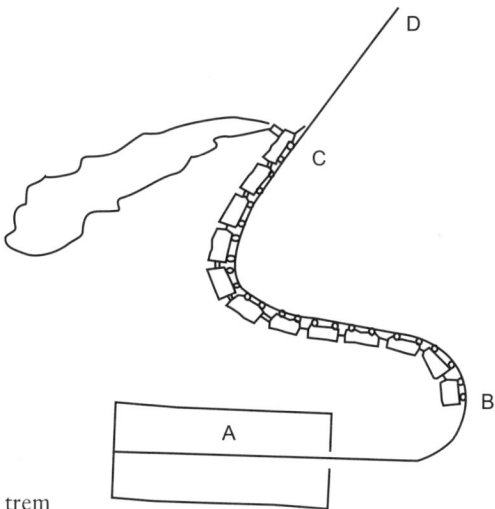

Fig. 12 – O sonho do trem

167   Quando se tem esse tipo de sonho relacionado a atraso para tomar um trem, a interferência de obstáculos, o que acontece é o mesmo que na realidade concreta, quando se fica nervoso com qualquer coisa. Fica-se nervoso porque há uma resistência inconsciente à intenção da consciência. O mais irritante é que se quer conscientemente fazer alguma coisa e um demônio invisível está sempre atrapalhando e, logicamente, nós somos esse demônio. Trabalhamos apressadamente contra ele e ficamos nervosos. No caso do paciente, aquela correria se dá contra a sua vontade. Ele não quer sair de casa e ao mesmo tempo se esfalfa por consegui-lo, e todas as resistências e dificuldades não são exteriores, partem dele mesmo. O paciente é o maquinista, que pensa: "Não temos nenhum problema; temos uma reta pela frente e podemos correr o quanto desejarmos". A linha reta além da curva são os picos de 12.000 pés, que ele julga acessíveis.

168   Naturalmente, ninguém que tiver essa chance pela frente vai deixar de tirar o máximo proveito dela. Assim, sua razão lhe diz: "Por que não ir em frente? Todas as possibilidades são suas". Ele não entende por que alguma coisa em seu interior se opõe a essas tendências. Mas o sonho o avisa para não ser tão insensato como o maquinista que se precipita para a frente a todo o vapor, quando a cauda do trem ainda não saiu da curva. Eis o que sempre esquecemos: nossa consciência é apenas uma superfície, a vanguarda de nossa vida psicológica. A cabeça é apenas uma parte, mas atrás dela vem uma longa "cauda" histórica de hesitações e fraquezas, de complexos, preconceitos e heranças, e sempre tomamos nossas decisões sem levá-la em consideração. Sempre acreditamos que poderemos andar em linha reta, apesar de nossa pobreza que, entretanto, tem um peso oneroso, e frequentemente derrapamos antes de atingirmos nossos objetivos exatamente por ignorarmos nossa "cauda".

169   Sempre digo que a psicologia do indivíduo tem atrás de si uma longa cauda sauriana, formada pela história da família, da nação, do continente e do mundo todo. Somos humanos e não podemos esquecer que carregamos um pesado fardo por sermos apenas humanos. Se fôssemos somente cérebro, seríamos como esses pequenos anjos que têm apenas asas e cabeça. É lógico que eles podem

fazer o que querem, pois não levam um corpo que apenas pode movimentar-se no chão. Não posso deixar de dizer, não necessariamente ao paciente, mas a mim mesmo, que esse movimento peculiar do trem é o mesmo da serpente. Logo veremos por quê.

O sonho seguinte é crucial, forçando-me a dar certas explicações. Aqui temos de nos defrontar com um animal que é parte lagarto e parte caranguejo. Antes de enfocarmos os detalhes do sonho, desejo fazer algumas observações sobre o método de abordagem dos significados oníricos. Os senhores sabem que há muitos mal-entendidos e divergências nesse setor. **170**

Conhecemos o que é livre-associação. Este método, até onde vai a minha experiência, mostrou ser bastante duvidoso. Por meio dele a pessoa se abre a qualquer número e tipos de lembranças que lhe venham à cabeça, o que se acredita que conduzirá aos complexos. Não me interesso por saber os complexos de meus pacientes. Quero saber o que os *sonhos* têm a dizer sobre os complexos e não quais são eles. Quero saber o que o inconsciente de um homem está fazendo *com* os seus complexos. Eis *o que* decifro num sonho. Se eu aplicasse o método da livre-associação, não teria necessidade dos sonhos. Fixaria uma tabuleta assim: "Passagem para tal lugar", fazendo os clientes meditarem nisso e darem vazão às livres associações que surgissem, e invariavelmente tal procedimento conduziria aos complexos. Se estivermos num trem russo ou húngaro e ficarmos olhando as propagandas naquela grafia estranha, poderemos associar isso ao nosso mundo de complexos. É apenas uma questão de deixar-nos levar naturalmente. **171**

Entretanto não estou interessado nisso, mas sim no que seja o sonho. Por isso o abordo como se fosse um texto desconhecido, digamos, alguma coisa em grego, sânscrito ou latim, onde desconheço algumas palavras, ou então o texto é fragmentário. Aí aplico o método comum a qualquer filólogo na leitura de semelhante trabalho. Minha ideia é que o sonho não se esconde; o que acontece é que não conseguimos compreender a sua linguagem. Se eu citar aos senhores uma passagem grega ou latina, muitos não a entenderão, não porque o texto esconda ou dissimule, mas porque os senhores não entendem nem grego nem latim. Da mesma forma, quando um paciente está confuso, não significa necessariamente **172** que ele seja confuso, mas sim que o médico não entende o seu material. A suposição de que o sonho quer encobrir não passa de uma ideia antropomórfica. Nenhum filólogo pensaria isso de uma inscrição sânscrita ou cuneiforme. Há uma máxima do Talmude que diz que o sonho é a sua própria interpretação. Ele é a totalidade de si próprio. E se julgarmos que há alguma coisa por trás ou que algo foi escondido, não há dúvida de que não o entendemos.

173   Portanto, antes de mais nada, quando os senhores abordarem um sonho, pensem: "Não entendo uma palavra do que está aqui". Recebo muito bem essa sensação de incompetência, pois então sei que será preciso um bom trabalho em minha tentativa de entender o sonho. O que faço é o seguinte: Adoto o método do filólogo que está bem longe de ser livre-associação, aplicando um princípio lógico – a *amplificação*, que consiste simplesmente em estabelecer paralelos. Por exemplo, no caso de uma palavra muito rara, com a qual nunca antes nos defrontamos, tenta-se encontrar passagens de textos paralelos, se possível, aplicações paralelas, onde a palavra ocorra. Aí tentamos colocar a fórmula que adquirimos através dos conhecimentos de outros textos frente à passagem que nos trouxe dúvida. Se ela se tiver, então, tornado legível, poderemos dizer: "Agora é fácil compreendê-la". Foi assim que aprendemos a ler hieróglifos e inscrições cuneiformes, e dessa mesma forma poderemos ler os sonhos.

174   E agora, como poderemos descobrir-lhe o contexto? Sigo simplesmente o princípio da experiência das associações. Imaginemos que um homem sonha com uma casa simples de camponeses. Será que sei qual o significado dessa casa para esse homem? É evidente que não. Como poderia saber? Então pergunto-lhe: "O que pode ser isso?" – em outras palavras, qual o contexto, qual o tecido mental ao qual a designação "casa de camponês" está ligada. A resposta poderá ser surpreendente. É possível, por exemplo, que uma pessoa diga "água". Será que eu sei o significado pessoal de água para essa pessoa? Absolutamente não. Se, num contexto, eu apresentar tal palavra a alguém, essa outra pessoa poderá dizer "verde". Uma outra, "H_2O", o que seria completamente diferente. Haveria ainda novas, diria infinitas, possibilidades: "mercúrio", "suicídio" etc. Em cada caso é possível descobrir a estrutura em que tais asso-

ciações se inserem. Nisto consiste a *amplificação*, um procedimento lógico bem conhecido, aqui aplicado exatamente para formular a técnica de descobrir o contexto.

Logicamente devo mencionar aqui o mérito de Freud, que nos   175
despertou para toda a problemática dos sonhos, habilitando-nos a penetrar nesse mundo de imagens. Sabemos que sua ideia era que os sonhos representavam a distorção de um desejo oculto, não satisfeito, por discordar do consciente. Devido a essa censura, ele surge distorcido, para que a consciência não o reconheça, podendo assim, ao mesmo tempo, mostrar-se e viver. Freud nos diz: "Vamos corrigir por completo essa distorção; seja natural, abandone suas tendências deformadoras, deixe as associações correrem livremente, e aí chegaremos aos fatos naturais". Meu ponto de vista é totalmente diverso. Freud está procurando os complexos, eu não. Aí está a diferença central. Procuro saber *o que o inconsciente está fazendo com os complexos*, porque isso me interessa muito mais do que o fato de as pessoas terem complexos. Todos nós os temos; trata-se de um fato muito corriqueiro e desprovido de interesse. É de interesse saber o que as pessoas fazem dos complexos; aí está o que realmente interessa, a questão prática central. Freud aplica um princípio totalmente diferente e oposto, que em lógica é chamado *reductio ad primam figuram* (redução à primeira figura). Isto é um tipo de silogismo, uma sequência complicada de conclusões lógicas, cuja característica é começar de um juízo perfeitamente sensato, racional e, através de observações e insinuações sub-reptícias, ir mudando a natureza da primeira assertiva sensata, até atingir a distorção completa, o aspecto insensato. Tal distorção, segundo Freud, caracteriza o sonho; o sonho é uma sábia distorção que disfarça a figura original e deve-se simplesmente desfazer a teia, a fim de retomar a primeira afirmação racional, que pode ser: "Quero cometer isso ou aquilo, tenho esse desejo incompatível". Começamos, por exemplo, com uma proposição perfeitamente razoável: "Nenhum ser insensato é livre" – quer dizer, não tem livre-arbítrio. É um exemplo usado em lógica. Uma afirmação bastante razoável. Agora, então, chegamos à primeira falácia. "Portanto, nenhum ser livre é insensato", com o que é impossível concordar, pois aí já existe um truque. Então continua-se: "Todos

os seres humanos são livres – todos têm livre-arbítrio". E daí con-
clui-se triunfalmente: "Portanto, nenhum ser humano é insensato". O que é a mais acabada das tolices.

176   Suponhamos que o sonho seja uma bobagem igualmente desprovida de sentido. Isto é plausível, porque ele se apresenta de
forma insensata; caso contrário, poderíamos entendê-lo imediatamente, e via de regra isso não acontece. Muito dificilmente os
sonhos se desenrolam claramente do começo ao fim. Os mais comuns parecem coisas bobas e, por isso, são depreciados. Mesmo os
primitivos, que fazem um grande alarde em relação a eles, dizem
que os sonhos comuns não querem dizer nada. Há os grandes sonhos, próprios dos feiticeiros e dos chefes, nunca encontrados entre os homens comuns. Seu modo de falar é o mesmo das pessoas
que vivem na Europa. Quando nos defrontamos com essa falta
de sentido pensamos: "Essa coisa confusa se deve atribuir a uma
distorção ou falácia insinuadora, que deriva de uma afirmação originalmente razoável". Desfazemos a coisa aplicando a *reductio ad
primam figuram*, chegando à afirmação inalterada inicial. Vemos
por aí que o procedimento de Freud em relação ao sonho é perfeitamente lógico, se presumirmos que a afirmação do sonho é
desprovida de sentido.

177   Convém termos em mente, ao concordarmos que existe a insensatez dos sonhos, que talvez não o entendamos por não sermos Deus; pelo contrário, somos seres humanos, falhos e dotados
de uma mente muito limitada. Quando um paciente louco me diz
qualquer coisa posso pensar: "Tudo isto é bobagem". Na verdade,
se o encarar cientificamente poderei dizer: "Não o entendo". Se
o fizer de maneira anticientífica, reagirei assim: "Esse fulano não
passa de um louco e eu sou normal". Esse argumento explica por
que homens ligeiramente desequilibrados geralmente tendem a ser
alienistas. É humanamente compreensível, porque dá uma tremenda satisfação quando não se está muito seguro de si próprio pensar:
"Ah, os outros são ainda piores".

178   Mas a questão permanece: Pode-se dizer, com toda segurança,
que um sonho é uma bobagem? Será que estamos certos a respeito do que afirmamos? Teremos absoluta certeza ao descobrirmos
qualquer coisa totalmente contra as nossas expectativas, classifi-

cando-a como simples distorção? A natureza não comete erros. Certo e errado são conceitos humanos. O processo natural é o que é, e mais nada – não é nem insensatez nem coisa sem razão de ser. Nós não o compreendemos, eis a verdade. Já que não somos Deus, mas homens de capacidade intelectual muito reduzida, é melhor que entendamos que não compreendemos os sonhos. Com essa convicção rejeito a abordagem preconcebida que afirma que um sonho é uma distorção, pois aí enxergo que se não entendo é porque minha mente é que é distorcida, e não estou tendo a percepção que deveria ter.

Por isso emprego o método filológico usado na análise de textos difíceis, tratando os sonhos pelo mesmo sistema. Evidentemente o trabalho se torna bem mais difícil e circunstancial. Mas posso assegurar-lhes que os resultados são muito mais interessantes quando se chega a coisas humanas do que quando se aplica a mais monótona e horrorosa interpretação. Detesto ser chateado. Antes de tudo, devemos evitar especulações e teorias ao lidarmos com processos tão misteriosos como dos sonhos. Não devemos esquecer que durante milhares de anos homens inteligentes de grande conhecimento e experiência tiveram as mais diversas concepções sobre esse assunto. Foi apenas bem recentemente que inventamos a teoria de que os sonhos não são nada. Todas as outras civilizações tiveram ideias bem diferentes. **179**

Agora vou contar-lhes o grande sonho de meu paciente: *"Estou no interior, numa casa simples de camponês, com uma camponesa idosa e maternal, conto-lhe sobre uma grande viagem que estou para fazer: irei a pé da Suíça a Leipzig. Ela fica impressionadíssima, o que muito me agrada. Nesse momento, olho através da janela para um campo, onde os trabalhadores estão amontoando feno. Aí a cena se modifica. Surge ao fundo um lagarto-caranguejo. Inicialmente ele se move para a direita, e depois para a esquerda, de tal forma que me encontro em meio ao ângulo formado por suas oscilações, como se eu estivesse em meio ao ângulo de uma tesoura aberta. Tenho nas mãos um pequeno bastão ou galho, e com ele toco de leve a cabeça do animal, matando-o. Depois fico longo tempo olhando aquele monstro".* **180**

181   Antes de abordar um sonho desses, tento sempre estabelecer uma sequência, pois existe aqui uma história anterior e seguirá outra depois. A continuidade é inerente à estrutura psíquica e não há razões de supormos o contrário, assim como não podemos imaginar que haja lacunas nos processos da natureza. A natureza é um contínuo, e muito provavelmente a nossa psique também o é. Tal sonho é apenas um relance ou uma observação da continuidade psíquica, que se torna visível a um dado momento. Como continuidade está ligado aos sonhos anteriores. No sonho anterior vimos este movimento do trem, que se assemelha à ondulação característica das cobras. Tal comparação é apenas uma hipótese, mas tenho que estabelecer essas conexões.

182   Depois do sonho do trem, o paciente se vê de volta ao ambiente de sua primeira infância; está ao lado de uma camponesa maternal – uma leve alusão à mãe, como podemos facilmente observar. No primeiro sonho ele impressiona os meninos de sua cidadezinha com a figura magnífica, no casaco longo e preto de professor. Também nesse sonho ele impressiona a mulher inofensiva, com sua grandeza e imensas pretensões de ir a pé até Leipzig – alusão à esperança de conseguir lá uma cátedra. O monstruoso lagarto-caranguejo é, obviamente, uma criação do inconsciente. Até aqui podemos ver sem muito grande esforço.

183   Agora chegamos à busca do contexto. "Quais são as suas associações com a 'casa simples de camponês'?" e, para minha mais completa surpresa, ele diz: "É a casa de lázaros de São Tiago, perto de Basileia". Essa casa era um leprosário muito antigo, sendo que seu prédio ainda existe. O lugar também é famoso por uma batalha lá travada em 1444 pelos suíços contra o Duque de Borgonha, cujo exército tentou invadir nosso país, sendo posteriormente barrado pela vanguarda do exército suíço, um corpo de mil e trezentos homens que combateu as formações de Borgonha, compostas por 30.000 homens. Os suíços tombaram até o último homem, mas o seu sacrifício impediu a penetração maior do inimigo. A morte heroica dos 1.300 homens é um incidente notável em nossa história, e nenhum suíço consegue lembrá-la sem sentimentos patrióticos.

184   Já que o paciente trouxe tais informações, devemos considerá-las no contexto do sonho. Aqui significa que ele está num le-

prosário. Em alemão, a casa de lázaros é chamada *siechenhaus*, casa dos doentes (e doentes são os leprosos). Então o professor é vítima de um mal revoltante e contagioso; ele é, portanto, um renegado pela sociedade humana, estando na casa dos doentes. Essa casa é caracterizada, ainda mais, pela desesperada luta, que foi uma catástrofe para os 1.300 homens, tragédia que se precipitou pelo fato de eles não obedecerem ordens. A vanguarda tinha recebido recomendações estritas de não atacar, de esperar até que o grosso das tropas suíças se tivesse reunido a eles. Mas, assim que avistaram o inimigo, não conseguiram mais conter-se, e, indo contra o comando dos líderes, arremessaram-se teimosamente ao ataque, sendo logicamente mortos. Aqui voltamos novamente a essa ideia da precipitação, sem estabelecer contato com o corpo da retaguarda e, novamente, a ação é fatal. Isso me deu a impressão de coisa meio sinistra e fiquei pensando: "Bem, para o que estará caminhando esse homem? O que está prestes a lhe acontecer?" O perigo não está apenas na sua ambição, ou em que ele queira estar com sua mãe para cometer incesto, ou qualquer coisa desse tipo. Lembramo-nos bem de que o maquinista é um fulano meio idiota; ele se arremessa para frente, apesar de saber que a cauda do trem ainda não saiu da curva; ele não considera isso e se precipita, sem pensar no conjunto. Isto significa que o sonhador tem a tendência de se precipitar para a frente sem pensar em sua própria cauda, pensa apenas como se fosse dotado de cabeça, da mesma forma que a vanguarda se portou como se fosse o exército inteiro, esquecendo que deveria esperar e, porque não esperou, todo mundo foi morto. Esta atitude do paciente é o motivo de seus sintomas de doença da montanha. Ele está nas alturas, sem estar preparado para isso; esquece-se de onde veio.

Talvez os senhores conheçam o romance de Paul Bourget, 185 *L'Etape*. Seu tema é o fato de as origens humildes de um homem se agarrarem a ele, havendo assim limitações muito definidas à sua ascensão social. Eis o que o sonho tenta mostrar ao paciente. A casa e a camponesa idosa lembram-lhe a infância. Parece então que a mulher se refere à mãe. Devemos ser muito cautelosos nas suposições. Eis sua resposta à minha pergunta sobre a mulher: "É a senhora minha locatária". É uma pessoa mais velha do que ele, sem cultura e antiquada, vivendo logicamente num meio inferior ao seu. O paciente está muito nas alturas e esquece que a outra parte de seu eu, a que está invisível, é a família nele próprio. Por ser ele extremamente intelectual, o sentimento é a sua função inferior, não apresentando nenhuma diferenciação, tendo portanto a forma de sua locatária. Tentanto impor-se a ela, o paciente tenta impor-se a si mesmo com o plano mirabolante de ir a pé até Leipzig.

186   O que diz ele sobre essa viagem? – "Ah, essa é a minha ambição, quero ir longe, quero conseguir uma cátedra". Eis a precipitação, a tentativa idiota, a doença da montanha. Este homem quer subir demais. O sonho se dá antes da guerra e, naquela época, ser professor em Leipzig era realmente qualquer coisa fabulosa. Seu sentimento está profundamente reprimido, portanto não tem valores muito seguros e é bastante tímido. Ainda é a camponesa. Está ainda muito identificado com a própria mãe. Há muitos homens capazes e inteligentes que não têm diferenciação de sentimentos, que ainda estão identificados com a mãe, contaminados por ela, vivendo em idade adulta como se fossem a mãe e sentindo como a mãe sente. Têm sentimentos maravilhosos com relação a bebês, com interiores de casas e salas bonitas, com lares na mais perfeita ordem. Às vezes acontece que esses indivíduos, depois de passarem dos quarenta, descubram o tom exato do sentimento masculino. E então surgem os grandes problemas.

187   Os sentimentos de um homem são, por assim dizer, os de uma mulher, e assim aparecem nos sonhos. Designo esta figura pelo termo *anima*, por ser ela a personificação das funções inferiores, que relacionam o homem com o inconsciente coletivo. A totalidade do inconsciente coletivo apresenta-se ao homem sob forma feminina. Para a mulher ele se afigura como uma entidade masculina, e eu o denomino *animus*. Escolhi o termo *anima*, porque sempre foi usado para esse mesmo fato psicológico. Como personificação do inconsciente coletivo ela ocorre repetidamente em sonhos. Fiz longas estatísticas sobre o aparecimento dessas imagens nos sonhos. É uma maneira de estudarmos empiricamente a sua manifestação.

188   Quando perguntei ao meu paciente o que ele queria sugerir, quando me disse que a camponesa ficara impressionada com o seu plano, ele respondeu: "Ah! bem, isso se refere à minha jactância.

Gosto de me promover em frente a uma pessoa inferior, para mostrar-lhe quem sou eu; quando converso com pessoas inferiores, gosto de colocar-me em primeiro plano. Infelizmente, sempre tive que viver num meio inferior". Quando alguém se ressente da inferioridade de seu próprio meio, julgando-se bom demais para ele, é porque a inferioridade de seu interior é projetada no meio externo, e aí a pessoa começa a irritar-se com coisas que deveria ver em si mesma. Quando ele diz: "Meu meio é inferior e me aborrece", deveria antes dizer: "Aborreço-me porque o meu meio interior está abaixo da crítica". Tal pessoa não tem valores certos, é inferior em sua vida sentimental. Aí está o verdadeiro problema.

Neste momento o paciente olha pela janela e vê os camponeses amontoando feno, dando-lhe isso clara visão do trabalho que executara no passado e trazendo-lhe de volta cenas e situações similares. Era verão e o trabalho de acordar bem cedo, revirar o feno durante o dia e recolhê-lo à noite era deveras duro. Evidentemente, é o trabalho simples e honesto dessas pessoas; o paciente se esquece de que apenas o trabalho simples e decente pode levá-lo a alguma coisa e nunca uma escalada sem medidas. Ele também revelou, e isso eu devo mencionar aqui, ter em sua casa um quadro com camponeses ajuntando feno, mas sua explicação é a seguinte: "Ah, essa é a origem da cena que sonhei". O sonho não é mais que um quadro de parede, não tem importância alguma. Não vale a pena prestar-lhe maior atenção. Nesse momento a cena sofre aquela transformação. E quando há uma mudança de cena, pode-se concluir, com segurança, que a representação de um pensamento inconsciente chegou ao clímax, sendo impossível levá-lo adiante. **189**

Na parte seguinte do sonho, as coisas começam a ficar mais obscuras; surge o lagarto-caranguejo, aparentemente uma coisa monstruosa. "E o caranguejo? Onde foi você arrumar esse diabo de ideia?" Ele responde: "Trata-se de um monstro mitológico, que anda para trás. Não sei como cheguei a isso; provavelmente através de algum conto de fadas ou qualquer coisa semelhante". Tudo o que foi mencionado antes eram coisas da vida real, elementos que de fato existiam. Mas o caranguejo não é experiência pessoal, é um arquétipo. Quando um analista tem que lidar com um arquétipo, é bom que comece a pensar. Ao tratar do inconsciente **190** *pessoal* não se tem o direito de pensar demais, nem de somar nada às experiências do paciente. É possível adicionar alguma coisa à personalidade de alguém? Você é uma personalidade definida. E o outro também tem vida e estrutura mental próprias, e por isso mesmo ele é uma pessoa. Mas quando não se trata mais de sua pessoa, quando eu também sou ele, a estrutura básica de sua mente é fundamentalmente a mesma, aí eu posso começar a pensar e fazer associações em seu lugar. É possível até fornecer-lhe o contexto apropriado, pois o paciente está completamente solto e sem orientação, não sabe de onde vem o lagarto-caranguejo, nem qual o seu significado; mas conheço essas coisas e posso dar-lhe o material.

191   Apontei-lhe o motivo do herói ao longo de todos os seus sonhos. Ele tem uma fantasia de herói acerca de si mesmo, que aparece visível no último sonho. O homem notável, de casaco longo e planos grandiosos, é a personificação do herói, que também morre no campo de honra de São Tiago; vai mostrar ao mundo quem ele é, e obviamente é ele o herói que sobrepuja o monstro. O motivo do herói é invariavelmente acompanhado pelo motivo do dragão. Essas duas figuras, que se defrontam em luta, fazem parte de um mesmo mito.

192   No sonho o dragão aparece como o lagarto-caranguejo. Essa afirmação evidentemente não explica o que o dragão, como imagem, representa de sua situação psicológica. Assim as associações seguintes são feitas em relação ao monstro. Quando este se move, primeiro para a esquerda e depois para a direita, o sonhador tem a impressão de estar parado, num ângulo semelhante ao formado pelas lâminas de uma tesoura. Isso seria fatal. Sua interpretação é feita segundo algumas leituras de Freud: a situação reflete um desejo incestuoso, sendo o monstro uma figura da mãe, e o ângulo aberto, as pernas dela. Ele, estando ali no meio, estaria acabando de nascer ou simplesmente voltando para a mãe.

193   Bem estranhamente, na mitologia, o dragão é a mãe. Encontramos esse motivo pelo mundo todo, e o monstro é denominado o dragão-mãe[38]. Esse monstro absorve a criança novamente, suga-a para dentro depois de tê-la feito nascer. A "mãe terrível", como

---

38. JUNG, C.G. *Símbolos da transformação*. Op. cit., especialmente § 395.

também é chamada, vive à espera, de boca escancarada, nos mares do Ocidente, e, quando um homem se aproxima, ela se fecha sobre ele, e é o fim. Essa figura monstruosa é a mãe-sarcófago, a devoradora de carne humana; sob outra forma, ela é a Matuta, a mãe dos mortos, a deusa da morte.

Mas estes paralelos ainda não explicam por que o sonho escolheu exatamente a imagem do caranguejo. Afirmo – e quando digo isso tenho algumas razões para fazê-lo – que representações de fatos psíquicos através de imagens como cobra, lagarto, caranguejo, mastodonte, ou animais semelhantes, também representam fatores orgânicos. A serpente, via de regra, representa o sistema raquidiano (cérebro-espinhal) particularmente o bulbo e a medula. O caranguejo, por outro lado, sendo dotado apenas de um sistema simpático, representa as funções relativas a esse setor nervoso, mais o parassimpático, ambos localizados no abdômen. O caranguejo é uma coisa abdominal. Então se traduzirmos o texto do sonho, poderemos ler: se você continuar assim, seu sistema simpático e raquidiano voltar-se-ão contra você, e aí não haverá como fugir. E é isso o que está acontecendo. Os sintomas de sua neurose expressam a rebelião das funções simpáticas e do sistema raquidiano contra a sua atitude consciente. 194

O lagarto-caranguejo traz a imagem do dragão e do herói como inimigos mortais, mas em alguns mitos vê-se o fato interessante de o herói não estar ligado ao dragão apenas pela luta. Às vezes, pelo contrário, existem indícios de que o próprio herói é o dragão. Na mitologia escandinava o herói é reconhecido pelo fato de ter olhos de cobra. Ele tem olhos de cobra porque é uma cobra. Há muitos outros mitos e legendas contendo a mesma ideia. Cécrops, o fundador de Atenas, era homem na parte superior e cobra na parte inferior. As almas dos heróis apareciam muitas vezes após a morte na forma de serpentes. 195

Agora, em nosso sonho, o monstruoso lagarto move-se primeiro para a direita, e eu pergunto ao paciente sobre o seu lado esquerdo. "O caranguejo aparentemente desconhece o caminho; a esquerda é desfavorável, a esquerda é sinistra". Sinistro realmente significa esquerdo e desfavorável. Mas o lado direito é igualmente ruim para o monstro, pois quando ele se volta para esta direção é 196 morto pelo bastão. Consideremos agora o fato de ele estar entre o ângulo de movimento do animal, situação que o sonhador interpretou como incesto. São suas palavras: "Na verdade eu me sentia rodeado por todos os lados, como o herói que vai enfrentar um dragão". Dessa forma o paciente conscientiza o motivo do herói.

197   Mas diferindo do herói mítico, ele não enfrenta o inimigo com uma arma, mas com um bastão. "A julgar pelo seu efeito sobre o monstro, dir-se-ia ser aquilo uma varinha mágica", diz o sonhador. O uso feito do bastão é realmente o de um prestidigitador. Trata-se de um outro símbolo mítico, que às vezes se faz acompanhar de uma alusão sexual, e a mágica sexual é frequentemente um meio de proteção contra o perigo. Todos podem lembrar-se que, também durante o terremoto de Messina[39], a natureza provocou certas reações instintivas contra a destruição sem limites.

198   O bastão é um instrumento e, nos sonhos, os instrumentos representam o que são na realidade: recursos do homem para concretizar a sua vontade. Uma faca é a minha vontade de cortar; uma lança é um braço mais longo; com um rifle projeto minha ação e minha influência a uma grande distância; com um telescópio faço o mesmo com relação aos meus olhos. O instrumento é o mecanismo que representa minha vontade, inteligência, capacidade e percepção. A aparição dele em sonho simboliza um mecanismo psicológico análogo. Bem, o instrumento do paciente é a varinha mágica. Ele usa uma coisa maravilhosa para volatizar o monstro, quer dizer, seu sistema nervoso inferior. O sonhador pode fazer uso dessa idiotice a qualquer hora e sem esforço algum.

199   O que isso significaria realmente? Significa que o homem que estamos focalizando acredita que o perigo simplesmente não existe. É o que acontece comumente; acreditamos que uma coisa não existe e ela simplesmente desaparece. Eis como se comportam as pessoas que só têm cabeça. Usam o intelecto a fim de afastar as coisas por meio de um raciocínio qualquer. Dizem: "Isso é insensato, portanto não pode ser, portanto não é". É assim que faz o nosso amigo. Ele simplesmente abole o monstro através do raciocínio.

---

39. Referência ao tremor de terra de 1908, quando 90% da cidade siciliana foi destruída e 60.000 pessoas morreram.

Ele diz: "Não existe essa coisa de lagarto-caranguejo, não pode existir uma força que se oponha ao que eu quero. Vou livrar-me dele; penso e a coisa incômoda simplesmente desaparece. Penso que o bicho é a minha mãe com a qual quero cometer incesto. Este pensamento resolve o caso, porque não posso fazer uma coisa dessas". Perguntei-lhe: "Muito bem, você matou o animal; qual a razão de, depois, ficar a contemplá-lo durante tão longo tempo?" E ele respondeu: "Ah, bem, é naturalmente maravilhoso como se pode liquidar uma criatura dessas com tamanha facilidade". Só pude dizer: "Sim, é mesmo mais que maravilhoso".

Aí dei-lhe a minha visão do problema: "Olhe aqui, a melhor 200 maneira de lidar com um sonho é considerar a si próprio como criança ou jovem ignorante, e chegar a um velho de dois milhões de anos ou à velha mãe dos dias e perguntar-lhe: 'Bem, o que você acha de mim?' E ela certamente dirá: 'Seu plano é ambicioso e imbecil porque vai contra os seus instintos. Suas capacidades restritas bloqueiam o caminho. E você quer abolir o obstáculo por meio de um pensamento mágico, julga poder evitá-lo com os artifícios do intelecto. Mas essas coisas ainda vão lhe dar muito o que pensar, pode crer'". E ainda continuei: "Em seus sonhos há um aviso. Você se comporta exatamente como os suíços e o maquinista, que foram insensatos o suficiente para lançarem-se contra o inimigo, sem a garantia de nenhum reforço. E se o seu comportamento continuar dentro dessa linha, pode preparar-se para uma catástrofe".

O paciente estava convicto de que eu levava a coisa excessi- 201 vamente a sério. Acreditava que era muito mais provável que os sonhos proviessem de desejos incompatíveis, e que ele realmente tinha impulsos incestuosos, insatisfeitos como base de seus sonhos. Agora tinha a consciência de seus problemas, sendo que em breve ficaria livre deles, podendo portanto ir a Leipzig. Disse-lhe então: *Bon voyage*. E ele nunca mais voltou. Levou seus planos adiante e não foram necessários mais de três meses para que perdesse o seu cargo e fosse para os diabos. Foi o seu fim. Ele se atirou contra o perigo fatal do lagarto-caranguejo, sem entender as advertências. Mas não quero deixá-los excessivamente pessimistas. Às vezes há pessoas que conseguem entender o que sonham e chegam a conclusões bem mais felizes e favoráveis.

Discussão

Dr. Charles Brunton:

202   Não sei se é honesto fazer perguntas sobre os sonhos de alguém que não esteja presente, mas tenho uma filhinha de 5 anos e meio que teve dois sonhos que a despertaram durante a noite. O primeiro deles ocorreu em meados de agosto e ela me disse o seguinte: "Estou vendo uma roda que despenca morro abaixo e ela vem me queimar". Foi tudo o que consegui extrair. Pedi-lhe que fizesse o desenho do sonho, mas, como minha insistência parecia aborrecê-la, resolvi deixá-la em paz. O último sonho foi na semana passada: "Um besouro está me picando", foi tudo o que a menina disse sobre o assunto. Não sei se o senhor gostaria de dizer alguma coisa a respeito. Gostaria de acrescentar apenas que ela sabe a diferença entre o besouro e o caranguejo. Tem verdadeira paixão por animais.

C.G. Jung:

203   Devemos considerar que é muito difícil, e não suficientemente justo, comentarmos os sonhos de quem não conhecemos bem; mas poderei abordá-los, limitando-me ao ponto de vista simbólico. O besouro, segundo penso, relaciona-se ao sistema simpático. Daí ser possível calcular que haja certos processos psicológicos estranhos desenrolando-se na criança, que afetam esse sistema, o que poderá provocar-lhe alguma desordem abdominal ou intestinal. A afirmação mais cautelosa que nos podemos permitir é a de que pode ter havido um certo acúmulo de energia no sistema simpático, causando ligeiros distúrbios. O que também é expresso pela simbologia da roda de fogo, que em seu sonho parece surgir como um símbolo solar, correspondendo o fogo, na filosofia tântrica, ao chamado *manipura chakra*, que se localiza no abdômen. Nos sintomas prodromais da epilepsia, às vezes encontramos a ideia de uma roda que gira no interior da pessoa. Isto também expressa uma manifestação duma natureza simpática. A imagem da roda que gira lembra a crucifixão de Íxion. O sonho da garotinha é um sonho arquetípico, um desses estranhos sonhos que as crianças costumam ter.

Explico esses sonhos arquetípicos infantis pelo fato de, quando   204
a consciência começa a emergir e a criança começa a perceber que
ela é, está ainda próxima do universo psicológico original do qual
está começando a sair: uma condição de profunda inconsciência.
Eis por que encontramos em muitas crianças a percepção de conteúdos do inconsciente coletivo, que em certas crenças orientais é
interpretada como reminiscência de uma vida anterior. A filosofia
tibetana, por exemplo, fala da existência do "bardo", da condição da mente inserida entre a morte e o nascimento[40]. A ideia de
uma existência anterior é a projeção das condições psicológicas da
primeira infância. Crianças de pouquíssima idade ainda guardam
consciência de elementos míticos, e se esses elementos permane-
cerem conscientes por muito tempo, o indivíduo estará ameaçado
por uma incapacidade de adaptação; amedrontado pelo contínuo
apelo de permanecer ou de retornar à visão original do mundo. Tais
experiências encontram belas descrições em místicos e em poetas.

Normalmente na faixa de quatro a seis anos o véu do esque-   205
cimento se estende sobre esses fatos. Presenciei casos de crianças
etéreas, por assim dizer, que tinham uma extraordinária sensibili-
dade para tais conteúdos, continuando a viver suas vidas em sonhos arquetípicos, sem terem chances de adaptação na vida real.
Examinei recentemente uma menina de dez anos que tivera os
mais espantosos sonhos arquetípicos[41]. E seu pai me consultou a
respeito. Foi-me, entretanto, impossível dizer-lhe o que eu pensava, pois eles continham um prognóstico trágico. Um ano mais tarde a menina morreu de uma doença infecciosa. Ela nunca chegara
a nascer inteiramente.

Dr. Leonard F. Browne:

Gostaria de fazer ao Prof. Jung uma pergunta relacionada à   206
interpretação dos sonhos que foram contados hoje. Já que o paciente não conseguiu aceitar a interpretação, será que essa dificul-

---

40. EVANS-WENTZ (org.). *Das tibetanische Totenbuch.*

41. Cf. JUNG, C.G. § 525s. deste volume; cf. tb. JACOBI, J. *Komplex, Archetypus,
Symbol in der Psychologie C.G. Jungs.* Zurique: [s.e.], 1957, p. 159s.

dade não poderia ser ultrapassada através de alguma variação na técnica de análise?

C.G. Jung:

207   Se eu tivesse vocação para missionário ou para salvador, poderia ter usado um truque brilhante. Diria ao paciente: "Sim, é realmente o complexo materno", e ficaríamos meses a fio conversando nesse jargão, e talvez no final eu o vencesse. Mas a experiência prova que tal procedimento não é bom; não devemos trapacear as pessoas, nem se o fizermos por bem. Não quero tirar as pessoas de seus enganos através de tapeações. Talvez fosse melhor, para aquele homem, se arrebentar do que se salvar por meios errados. Nunca ludibrio as pessoas. Quando um homem me diz: "Vou suicidar-me", minha resposta é a seguinte: "Se esta é a sua intenção, não faço objeções".

Dr. Browne:

208   Houve alguma evidência de que a doença da montanha tivesse sido curada?

C.G. Jung:

209   O paciente perdeu a sua neurose descendo à vida. Seu meio próprio não estava a 6.000 pés de altura, mas sim mais abaixo. Ele tornou-se inferior, ao invés de ficar neurótico. Certa vez, em conversa com um chefe de uma grande instituição nos Estados Unidos para crianças delinquentes, tomei conhecimento de uma experiência extremamente interessante. Lá eles estabeleceram duas categorias de crianças. A maior parte delas, quando chega à instituição, sente-se melhor, desenvolvendo-se normalmente, e eventualmente consegue sair do que era o seu mal inicial. A outra categoria, minoritária, torna-se histérica quando tenta ser normal e sociável; estes são os criminosos natos, impossíveis de serem mudados. Para eles a normalidade é o erro. Nós também não nos sentimos muito bem quando temos de atuar com perfeição. E isso porque não somos perfeitos. Os hindus, ao construírem

um templo, deixam um canto sem terminar; só os deuses criam com perfeição. É preferível reconhecer a própria falha, aí a gente se sente melhor. É o que se dá com essas crianças e também com nossos pacientes. Iludir as pessoas e levá-las a um nível superior à sua verdade constitui uma falsidade. Se está num homem a possibilidade de adaptar-se, vamos então ajudá-lo de todas as formas possíveis; mas se sua missão realmente é *não* adaptar-se, façamos o esforço de deixar-lhe livre esse caminho, pois só assim ele estará bem.

O que seria do mundo se todos fossem bem-ajustados? Haveria um tédio sem fim. É preciso que alguém se comporte de maneira errada, sendo o bode expiatório e objeto de interesse das outras pessoas. Imaginem o quanto devemos ser gratos às histórias de detetives e aos jornais por podermos dizer: "Graças a Deus não sou o fulano que cometeu um crime, sou uma criatura perfeitamente inocente". Sentimo-nos satisfeitos porque a pessoa perversa cometeu o crime por nós. Este é o sentido profundo de Cristo, enquanto redentor, ter sido crucificado entre dois ladrões; eles também, à sua maneira, eram redentores da humanidade, eram os bodes expiatórios. 210

Dr. Browne:

Se eu não estiver voltando atrás em demasia, gostaria de perguntar-lhe uma coisa sobre as funções psicológicas. Numa resposta da noite passada o professor disse que não há critério para considerar nenhuma das funções como superior à outra, e, mais adiante, que as quatro teriam que ser igualmente diferenciadas a fim de termos o conhecimento completo e adequado do mundo. Seria, portanto, sua ideia que há a possibilidade, em algum caso, de as quatro funções se diferenciarem igualmente, ou que se chegue a isso através da educação? 211

C.G. Jung:

Não creio que seja possível diferenciar igualmente todas as funções, pois nesse caso estaríamos chegando à perfeição divina, o que certamente nunca acontecerá. Haverá sempre uma jaça 212 no cristal; atingir a perfeição é impossível. Além do mais, se as quatro pudessem ser igualmente diferenciadas, poderíamos apenas torná-las funções conscientemente disponíveis. E estaria perdida a ligação preciosa com o inconsciente, através da função inferior, que invariavelmente é a mais frágil; apenas através de nossa fraqueza e incapacidade estamos ligados ao inconsciente, ao nosso mundo inferior dos instintos e aos nossos companheiros no mundo. As virtudes apenas auxiliam o homem a tornar-se independente; aí, então, já não se tem mais necessidade de ninguém, aí somos reis. Mas em nossa inferioridade estamos unidos à humanidade e ao mundo dos instintos. Nem seria vantagem atingir o desenvolvimento perfeito das quatro funções, porque isso levaria à completa falta de consistência. Não tenho mania de perfeição. Meu princípio é: pelo amor de Deus, não seja perfeito, mas tente, por todos os meios, ser completo – tenha isso o significado que tiver.

Pergunta:

213   Posso perguntar o que é "ser completo"? É possível que o senhor se estenda mais sobre esse ponto?

C.G. Jung:

214   Devo deixar alguma coisa para o seu esforço mental. Sem dúvida, é um trabalho extremamente divertido pensar, ao voltar para casa, o que possivelmente significa ser completo. Não devemos privar as pessoas do prazer da descoberta. Ser completo é um problema muito grande, e falar sobre isso é estimulante, mas alcançar esse estágio é a coisa essencial.

Pergunta:

215   Como se enquadra o misticismo em seu esquema?

C.G. Jung:

216   Em que esquema?

Réplica:

217   O esquema da psicologia e da psique.

C.G. Jung:

O senhor deveria definir o que entende por misticismo. Su- 218 ponhamos que o senhor se refira a pessoas que passaram por uma experiência mística. Os místicos são pessoas que têm a vivência particularmente aguda do inconsciente coletivo. É a experiência dos arquétipos.

Pergunta:

Há alguma diferença entre formas arquetípicas e formas 219 místicas?

C.G. Jung:

Não faço distinção alguma entre uma coisa e outra. Ao es- 220 tudarmos a fenomenologia da experiência mística, deparamo-nos com fatos realmente interessantes. Por exemplo, todos sabemos que o paraíso cristão é masculino, sendo que aí o elemento femini-no é tão somente tolerado. A Mãe de Deus não é divina; é apenas arquissanta; intercede por nós junto ao trono de Deus, mas não participa da divindade, nem pertence à Trindade.

Há, entretanto, alguns místicos cristãos que têm uma expe- 221 riência totalmente diferente. Há, por exemplo, o místico suíço, Nicolau de Flüe[42]. Ele sentiu um Deus e uma Deusa. Temos tam-bém um místico do século XIII, Guilherme De Digulleville, que escreveu *Pèlerinages de la vie humaine, de l'âme et de Jésus Ch-rist*[43]. Como Dante teve a visão do paraíso em seu ponto mais alto, *le ciel d'or*, e lá, sobre um trono mil vezes mais brilhante que o Sol, sentava-se o Rei, o próprio Deus, e a seu lado, num trono de cristal de tom castanho, a Rainha, presumivelmente a Terra. É uma visão que escapa à ideia da Trindade, uma experiência mística de natureza arquetípica que inclui o princípio feminino. A Trindade é uma imagem sentada num arquétipo de natureza exclusivamente masculina. Na Igreja primitiva a interpretação gnóstica do Espírito Santo como feminino era considerada heresia.

---

42. "Bruder Klaus". In: JUNG, C.G. *Psicologia da religião ocidental e oriental.* Op. cit.

43. Cf. *Psicologia e alquimia.* Petrópolis: Vozes, 2011 [OC, 12; § 315s.].

222 Imagens dogmáticas, como a da Trindade, são arquétipos transformados em ideias abstratas. Existe ainda grande número de experiências místicas na Igreja, cujo caráter arquetípico encontra-se bastante visível; entretanto, às vezes lá se encontram elementos heréticos ou pagãos. Lembremos, por exemplo, São Francisco de Assis. Apenas através da grande habilidade diplomática do Papa Bonifácio VIII o santo pôde ser assimilado à Igreja. Basta lembrarmos o seu relacionamento com os animais para que a dificuldade seja compreendida. Animais, como a totalidade da natureza, eram tabu para a Igreja. Temos, entretanto, animais sagrados como o cordeiro, a pomba e, na Igreja primitiva, o peixe, sendo todos eles objeto de veneração religiosa.

Pergunta:

223 Poderia o Prof. Jung dar-nos a diferença da dissociação na histeria e na esquizofrenia?

C.G. Jung:

224 Na histeria as personalidades dissociadas ainda permanecem numa espécie de inter-relação, o que sempre oferece a imagem de uma personalidade total; sendo ainda possível estabelecer um relacionamento com a pessoa, podemos sentir uma reação dos seus sentimentos. Há apenas a divisão superficial de alguns compartimentos da memória, mas a personalidade básica está sempre presente. Na esquizofrenia não acontece a mesma coisa, há apenas fragmentos, sendo impossível estabelecer a totalidade. Eis por que, se tivermos uma pessoa que vimos sã pela última vez e que, de repente, enlouqueceu, levamos um choque tremendo ao confrontarmos com a personalidade fragmentária, partida. Pode-se manipular apenas um fragmento de cada vez, como um caco de vidro. Não há um contínuo na personalidade, enquanto que, em um caso histérico, pensamos: Ah, se eu pudesse apagar esse tipo de obscuridade, de sonambulismo, aí surgiria a soma total do indivíduo. Na esquizofrenia a dissociação é profunda. Os fragmentos jamais se juntam.

Pergunta:

225 Existem algumas concepções estritamente psicológicas que expliquem tais diferenças?

C.G. Jung:

Há alguns casos-limite onde se podem aproximar as partes, 226
se for possível reintegrar os conteúdos perdidos. Conto-lhes um
caso que me foi apresentado: uma mulher estivera por duas vezes
num asilo de loucos, com ataques tipicamente esquizofrênicos.
Quando a vi pela primeira vez ela já estava melhor, encontran-
do-se, porém, ainda em estado alucinatório. Vi que era possível
atingir os elementos fragmentários. Aí começamos a rever todos os detalhes das experiências pelas quais ela passara no asilo.
Passamos todas as vozes e delusões, e expliquei-lhe cada fato, a
fim de que ela pudesse associá-los à sua consciência. Mostrei-lhe
o que eram os conteúdos inconscientes que surgiram durante a
insanidade, e, por ser a paciente dotada de bastante inteligência, dei-lhe livros através dos quais ela adquiriu uma boa dose
de conhecimento, especialmente mitológico, pelo qual lhe era
dado vislumbrar sua própria integridade. As linhas de quebra
ainda existiam, evidentemente, e quando depois lhe sobrevinha
uma onda de desintegração, eu pedia que a paciente pintasse
ou desenhasse aquela situação particular a fim de conseguir um
quadro de sua totalidade, que objetivasse a sua condição. Ela
me trouxe um bom número de pinturas que sempre a ajudaram
quando a sensação de perder-se a dominava. Assim eu a manti-
ve na superfície, impedindo-a de afogar-se durante doze anos
aproximadamente, e não houve mais ataques que determinassem
um novo internamento. Ela sempre conseguiu proteger-se das
crises objetivando seus conteúdos. Disse-me a paciente que antes
de qualquer outra coisa, quando fazia um determinado desenho,
pegava seus livros e lia um capítulo sobre os traços principais
do trabalho que fizera, a fim de pô-lo em contato geral com a
humanidade, com o saber do povo, com o consciente coletivo, e
então voltava a sentir-se bem. Disse-me que se sentia adaptada,
não estando assim à mercê do inconsciente coletivo.

Como podemos imaginar, nem todos os casos são tão fáceis 227
como o que acabei de narrar. Em princípio não posso curar a
esquizofrenia; ocasionalmente, com muita sorte posso juntar os
fragmentos. Mas não gosto de fazê-lo, pois trata-se de um trabalho
assustadoramente difícil.

Quarta conferência

O Presidente, Dr. Emanuel Miller:

228   Não vou roubar o tempo que o Prof. Jung tem para dedicar aos senhores; quero apenas expressar o meu grande prazer em presidir a sessão nesta noite. Somente lamento a grande desvantagem de não ter assistido às conferências anteriores, não sabendo assim a que profundezas do inconsciente o professor já conduziu os presentes. Mas creio que ele continuará hoje a apresentação de seu processo de análise dos sonhos.

C.G. Jung:

229   A interpretação de um sonho abissal, como era o último que examinamos, nunca será suficiente quando realizada apenas na esfera pessoal. Há nele uma imagem arquetípica, o que sempre indica que a situação psicológica do sonhador se estende além da camada pessoal do inconsciente. Seu problema não é exclusivo, nem meramente pessoal, mas em algum ponto se estende e atinge toda a humanidade. O símbolo do monstro o indica; toca o mito do herói e, além do mais, a associação com a batalha de São Tiago que caracteriza a localização da cena também apela para o interesse geral.

230   A habilidade de empregar um ponto de vista geral é de grande valor terapêutico. A terapia moderna não está muito desperta para isso, mas na medicina antiga era largamente conhecido que, transportando-se uma doença pessoal a um nível mais alto e impessoal, atingia-se um efeito curativo. No Antigo Egito, por exemplo, quando um homem era mordido por cobra, o médico-sacerdote era chamado, e tirava da biblioteca o manuscrito sobre o mito de Rá e de Ísis, sua mãe, e o recitava. Ísis fizera um verme venenoso e o escondera na areia; o deus Rá pisou na serpente, sendo por ela mordido e então sofreu uma dor terrível, chegando próximo da morte. Mas os deuses fizeram Ísis produzir um encanto para retirar o veneno do corpo dele[44]. A intenção era que o paciente ficasse

---

44. Cf. JUNG, C.G. *Símbolos da transformação*. Op. cit., § 451s. Cf. tb. "A estrutura da alma" (OC, 8/2), § 307.

de tal modo impressionado por essa narrativa que lhe sobreviesse a cura. Para nós isso parece impossível. Não podemos imaginar que uma história dos *Contos de Grimm*, por exemplo, possa curar febre tifoide ou pneumonia. Mas apenas levamos em consideração nossa moderna psicologia racional. Para entender o efeito, devemos levar em consideração a psicologia do Antigo Egito, que era totalmente diferente. E, apesar de tudo, aquelas pessoas não eram assim tão diferentes. Mesmo conosco, certas coisas podem causar milagres. Às vezes, só o consolo espiritual ou a influência psíquica podem curar, ou pelo menos ajudar no combate de uma doença. Logicamente isso acontece muito mais entre pessoas de um nível mais primitivo ou dotadas de psicologia mais arcaica.

No Oriente, grande parte da terapia prática se constrói sobre o princípio de elevar o caso pessoal a uma situação geral válida. A medicina grega também trabalhava com o mesmo método. É evidente que a imagem coletiva ou sua aplicação deve estar de acordo com a condição particular do paciente. O mito ou a lenda emergem do material arquetípico que está constelado pela doença, e o efeito psicológico consiste em conectar o paciente com o sentido geral de sua situação. A mordida de cobra, por exemplo, é uma situação arquetípica e, por isso mesmo, encontra-se como motivo em muitas lendas. Se a situação subjacente à doença for expressa de maneira adequada, o paciente estará curado. Caso não se encontre essa expressão ideal, ele é novamente arremessado ao seu próprio mal, à isolação de estar doente; ficará só, sem nenhuma ligação com o mundo. Mas se o doente percebe que o problema não é apenas seu, mas sim um mal geral, até mesmo o sofrimento de um Deus, aí então reencontrará seu lugar entre os homens e a companhia dos deuses; e só de saber isso, o alívio já surge. A moderna terapia espiritual usa o mesmo princípio: a dor ou doença é comparada com o sofrimento de Cristo na cruz, e essa ideia dá consolação. O indivíduo é elevado acima de sua miserável solidão e colocado como quem suporta um destino heroico e significativo que, finalmente, reverte em bem para o mundo, como o martírio e a morte de um Deus. Quando se mostrava a um antigo egípcio que ele estava passando pelas mesmas provações que Rá, o deus Sol, era imediatamente equiparado ao faraó, que era o filho e o representante dos deuses; e assim o homem comum também participava da divindade. Isto provocava tal libertação de energia que se torna perfeitamente compreensível por que a dor diminuía. Em determinados estados de espírito as pessoas podem suportar muitas coisas. Os primitivos caminham sobre brasas e se infligem os maiores castigos, sob certas circunstâncias, sem sentirem dor. E é bem provável que um símbolo adequado e impressionante possa mobilizar as forças do inconsciente a tal ponto que até o sistema nervoso seja afetado, levando o corpo a reagir de maneira normal novamente.

232 No caso do sofrimento psicológico, que sempre isola o indivíduo das chamadas pessoas normais, é também da maior importância entender que o conflito não é apenas um fracasso pessoal, mas ao mesmo tempo um sofrimento comum a todos, um problema que caracteriza toda uma época. Essa generalização desafoga o indivíduo de si próprio, ligando-o à humanidade. O sofrimento nem sempre precisa ser neurose; temos a mesma sensação em situações bem comuns. Se, por exemplo, a gente vive numa comunidade abastada, e de repente perde tudo o que tem, a reação normal é pensar que isso é vergonhoso, terrível e que somos a única besta capaz de perder todo o dinheiro. Mas se o mesmo acontecer a todos, tudo muda de figura, e a pessoa sente-se reconciliada com o meio. Quando todos se encontram no mesmo buraco que eu, então sinto-me melhor. Se um homem se perde num deserto ou numa galeria, ou quando se é o líder de um grupo em situações totalmente aflitivas, o mal-estar é muito grande. Mas se a pessoa é soldado de um batalhão inteiro que se perdeu, provavelmente ele se ajuntará aos outros com bom humor, inventando piadas sobre a situação, sem conscientizar o perigo. Não que este seja menor, mas a pessoa reage de maneira totalmente diversa quando tem de enfrentá-la sozinha.

233 Quando figuras arquetípicas aparecem em sonhos, especialmente nos estágios mais avançados da análise, explico ao paciente, não o isolamento de sua personalidade, mas sim a sua comunicação com a humanidade. Este aspecto é importante, porque o neurótico se sente só e tremendamente diminuído pelo seu mal. Mas ao sentir a generalidade do problema tudo se torna diferente. No caso que estamos focalizando, se o tratamento tivesse prosseguido, eu chamaria a atenção do paciente para o fato de seu último sonho

refletir um problema humano e geral. Em suas associações, ele enxergará, por si próprio, o conflito do herói e do dragão.

Esse conflito, como símbolo típico de uma situação, é um   234
motivo mitológico bastante frequente. Uma de suas mais antigas expressões literárias é o mito babilônico da criação, onde o deus-herói, Marduk, luta contra o dragão Tiamat. Marduk é o deus primavera e Tiamat é a mãe-dragão, o caos primordial. Marduk mata-a, dividindo-a em duas partes. De uma parte faz o céu e da outra, a terra[45].

Um paralelo bem mais surpreendente para o nosso caso é a   235
grande epopeia babilônica de Gilgamesh[46]. Gilgamesh realmente é um arrivista por excelência, homem de planos ambiciosos, como o nosso sonhador; um grande rei e herói. Todos os homens trabalham para ele como escravos, construindo uma cidade de muralhas poderosas. As mulheres sentem-se negligenciadas e reclamam aos deuses contra o implacável tirano, e eles decidem que alguma coisa precisa ser feita. Traduzindo em termos psicológicos: Gilgamesh usa apenas a consciência, que tem asas e está separada do corpo, e esse corpo tem alguma coisa a dizer sobre a situação. Reagirá com uma neurose, quer dizer, constelando um fator diametralmente oposto. Como é tal neurose descrita no poema? Os deuses decidem "acordá-lo" e constroem um homem semelhante a Gilgamesh. Criam Enkidu, que não obstante apresenta algumas diferenças. Tem cabelos longos e parece um homem das cavernas; vive com os animais selvagens nas planícies e bebe nas fontes de água junto com as gazelas. Gilgamesh, tendo certa normalidade, tem um sonho perfeitamente de acordo sobre a intenção dos deuses. Sonha que uma estrela cai sobre as suas costas, como um grande guerreiro, e Gilgamesh luta contra ele, sem conseguir desvencilhar-se. Finalmente consegue livrar-se e arremessa o guerreiro aos pés de sua mãe, que o faz igual à Gilgamesh. A mãe é uma mulher sábia e interpreta o sonho para o filho de tal forma que este está pronto para enfrentar o perigo. Enkidu foi feito para perseguir e

45. Cf. JUNG, C.G. *Símbolos da transformação*. Op. cit., § 375s.

46. *The Epic of Gilgamish*.

destruir Gilgamesh, mas este, através de uma manobra inteligente, consegue torná-lo seu amigo. Conquistou a reação de seu inconsciente através da argúcia e força de vontade, convencendo o seu oponente de que ambos são realmente amigos e devem, portanto, lutar juntos. E, a partir daí, as coisas vão de mal a pior.

236   Apesar de sentir-se bem no princípio, Enkidu tem depois um sonho opressivo, a visão do submundo, onde vivem os mortos, e Gilgamesh se prepara para uma grande aventura. Como heróis, Gilgamesh e Enkidu partem juntos para liquidar Humbaba, terrível monstro que os deuses escolheram para guardião de seu santuário na Montanha do Cedro. Sua voz ribomba como a tempestade e todo aquele que se aproxima do bosque é vencido pela fraqueza. Enkidu, apesar de valente e forte, está muito nervoso diante da seriedade da missão. Encontra-se deprimido por maus sonhos, e dá a eles muita atenção, como o homem primitivo em nosso interior, o qual ridicularizamos, quando essa parte inferior de nós tem superstição quanto a certas datas, e assim por diante; entretanto, o homem inferior continua nervoso diante de certos fatos. Enkidu é muito supersticioso, tem pesadelos a caminho da floresta e pressente que as coisas não sairão bem. Mas Gilgamesh interpreta os sonhos de maneira otimista. Novamente a reação do inconsciente é trapaceada, e os dois conseguem trazer triunfalmente a cabeça de Humbaba para a cidade.

237   Eis que, então, os deuses decidem interferir, ou melhor, uma deusa, Ishtar, tenta derrotar Gilgamesh. O princípio básico do inconsciente é o Eterno Feminino, e Ishtar, com verdadeira argúcia de mulher, faz promessas tentadoras a Gilgamesh, caso ele se torne seu amante: Ele será como um deus e sua força e riqueza aumentarão além de qualquer expectativa. Mas Gilgamesh não acredita numa palavra disso tudo e recusa-se, com insultos, reprovando toda a mentira e crueldade para com os amantes que ela teve. Ishtar, em seu ódio, persuade os deuses a criarem um enorme touro, que desça do céu e devaste o país. Uma grande luta se inicia, e centenas de homens são mortos pela respiração venenosa do touro sagrado. Mas Gilgamesh novamente, com a ajuda de Enkidu, consegue dominar o animal, e a vitória é celebrada.

238   Ishtar, louca de dor e ódio, desce sobre as muralhas da cidade e então é Enkidu quem comete o maior ultraje contra ela. Depois

de amaldiçoá-la, atira-lhe no rosto o pênis do touro morto. Esse é o clímax e a peripécia começa a se desenrolar. Enkidu é assaltado por mais sonhos de natureza sombria e a seguir adoece e morre.

O que significa que o inconsciente se separou totalmente da   239
consciência; o inconsciente retira-se do campo, e Gilgamesh está agora só e vencido pelo sofrimento. A duras penas aceita a morte do amigo, mas o que o atormenta mais é o medo da morte. Viu o amigo morrer e defrontou-se com o fato de sua própria finitude. Outro desejo o atormenta: conseguir a imortalidade. Prepara-se corajosamente para conseguir o remédio contra a morte, pois sabe da existência de um velho, seu ancestral, que tem a vida eterna e mora no Ocidente longínquo. Então a jornada para o mundo subterrâneo, o Nekya, se inicia, e ele parte para o seu destino, como o Sol, através da porta da montanha sagrada. Vence grandes dificuldades e nem mesmo os deuses se opõem a ele, embora digam que sua procura é vã. Finalmente encontra o lugar que buscava e persuade o velho a falar-lhe sobre o remédio. No fundo do mar ele colhe a erva mágica da imortalidade, o *phármakon athanasías*, e leva-o para casa. Embora esteja cansado da viagem, está também tomado de alegria por causa do remédio milagroso e não precisa mais ter medo da morte. Mas enquanto se refresca tomando banho numa lagoa, uma cobra fareja a erva da imortalidade e rouba-a de Gilgamesh. Ao voltar, estabelece novos planos de fortificar a cidade, mas já não encontra mais paz. Quer saber o que acontece com o homem depois da morte e, finalmente, consegue êxito em invocar o espírito de Enkidu, que sai de um buraco da terra e dá ao amigo informações muito melancólicas. Aqui termina a epopeia. E quem consegue a vitória final é o animal de sangue-frio.

Há um grande número de sonhos gravados desde a Antigui-   240
dade, com motivos paralelos, e darei agora um exemplo de como os nossos colegas de outros tempos, os intérpretes de sonhos do primeiro século depois de Cristo, procediam. A história é contada por Flávio Josefo[47], em sua *História da guerra judaica*, onde também é relatada a destruição de Jerusalém.

---

47. FLAVIUS JOSEPHUS. *Des fürtrefflichen jüdische Geschichtsschreibers FJ Sämmtliche Werke.* XVII, 13, 3. Tübingen: Cotta, 1735, p. 553.

241   Havia um tetrarca da Palestina, de nome Arquelau, governa-
dor romano muito cruel e que, como quase todos os governadores
de província, considerava tal posição como ótima oportunidade de
enriquecer e roubar tudo o que estivesse ao seu alcance. Entretanto uma delegação foi enviada ao imperador Augusto para reclamar
contra ele, o que aconteceu no décimo ano do governo de Arquelau.
Por esta época, o tetrarca teve um sonho em que via nove enormes
espigas de trigo, que eram devoradas por touros famintos. O go-
vernador alarmou-se e mandou chamar o "psicanalista" da corte,
que não soube dizer o que o sonho significava, ou ficou receoso
de dizer a verdade, livrando-se da tarefa. Arquelau chamou outros
"analistas" da corte, que da mesma forma se recusaram a dizer o
significado do sonho.

242   Havia, entretanto, um povo de seita particular, os essênios ou
therapeutai, com mentalidade mais independente. Viviam no Egito, próximos ao mar Morto, e não é de todo impossível que João
Batista, bem como Simão o Mago, pertencessem a tais círculos.
Então, como último recurso, um homem chamado Simão o Essê-
nio, foi chamado à corte e disse o seguinte a Arquelau: "As espigas
de trigo significam os anos de teu reino, e os bois, a mudança dos
fatos. Os nove anos já se completaram e haverá uma grande mudança no teu destino. Os touros significam a tua destruição". Em
tais países essas imagens oníricas eram perfeitamente compreensíveis, pois os campos têm de ser guardados com muito cuidado
contra o gado solto. Pois, por não haver grandes pastagens, existe
o grande perigo de que os touros quebrem as cercas de noite e
pisoteiem e comam as espigas que estão nascendo, o que significa
que todo o pão do ano seguinte teria desaparecido quando o camponês viesse a ver sua plantação de manhã cedo. E agora vejamos
a confirmação da interpretação. Alguns dias depois, o embaixador
romano chegou para investigar. Acabou demitindo Arquelau, tomando tudo o que era dele e exilou-o na Gália.

243   Arquelau era casado, e sua esposa Glafira teve um outro sonho, logicamente impressionada com o que acontecera ao marido.
Sonhou com o seu primeiro marido (Arquelau era o seu terceiro
casamento), que tinha sido demitido de uma maneira muito pouco polida e assassinado, provavelmente por Arquelau. As coisas

não eram assim tão fáceis naqueles dias. Esse primeiro marido, Alexandre, culpava-a por sua conduta, e dizia que estava para voltar e a levaria para seus domínios. Simão não interpretou esse sonho, e então a análise é deixada à nossa discrição. O importante é que Alexandre estava morto, e que Glafira o tinha visto em sonho, o que naqueles dias logicamente significava o fantasma da pessoa. Então, quando ele diz que a levaria para seus domínios, isso significava que ela seria levada para o Hades. E, realmente, alguns dias depois ela se suicidou.

O modo pelo qual o intérprete abordou o sonho de Arquelau foi muito sutil, muito perspicaz. Leu o sonho exatamente como deveria fazê-lo, embora essas imagens tenham uma natureza bem mais simples do que a maioria das que se encontram em nossos sonhos. Já percebi que os sonhos são tão simples ou complicados quanto o próprio sonhador; a única diferença é que eles sempre se encontram um pouco adiante da consciência da pessoa. Não entendo meus sonhos melhor do que os senhores entendem os seus, porque eles se encontram sempre um pouco além do meu poder de captá-los. Tenho os mesmos problemas que alguém que não conheça nada sobre interpretação dos sonhos. Não há grande vantagem no conhecimento quando se trata de interpretar a si próprio. 244

Outro paralelo interessante ao caso que estamos enfocando ocorre no cap. 4 do Livro de Daniel[48]. Quando o rei Nabucodonosor conquistara toda a Mesopotâmia e o Egito, acreditava-se realmente muito grande e poderoso, porque já possuía todo o mundo conhecido. Eis, então, que lhe vem um sonho próprio do arrivista, de quem subiu alto demais: era uma enorme árvore, crescendo para o céu e derramando uma sombra sobre a terra inteira. Mas, então, um observador sagrado do alto do céu ordenou que a árvore fosse cortada, que seus ramos fossem partidos, as folhas arrancadas, mas que apenas o tronco permanecesse, e ele, Nabucodonosor, acabasse indo morar com os animais selvagens, e se lhe fosse tirado o coração humano e trocado por um de animal. 245

---

48. Cf. "Aspectos gerais da psicologia do sonho". In: JUNG, C.G. *A natureza da psique*. Petrópolis: Vozes, 2011 [OC, 8/2; § 484s.]. Cf. tb. a figura de abertura do vol. 8 da Obra Completa.

246   É evidente que todos os sábios, astrólogos e intérpretes de sonhos se recusaram a dizer o que pensavam sobre o assunto. Apenas Daniel, que já no segundo capítulo provara ser um analista corajoso – tivera mesmo a visão de um sonho, do qual Nabucodonosor já não se lembrava – entendeu o significado. Aconselhou o rei a arrepender-se de sua avareza e injustiça, caso contrário o sonho se realizaria. Entretanto, o rei continuou como antes, muito orgulhoso de sua força. Foi quando uma voz celeste o amaldiçoou e repetiu a profecia do sonho. E tudo aconteceu como havia sido previsto. Nabucodonosor foi arremessado aos animais selvagens, e ele próprio transformou-se num deles. Passou a comer capim, como os bois, e seu corpo encontrava-se constantemente úmido do orvalho do céu; seus pelos cresceram tanto como penas de águia e suas unhas pareciam garras de pássaros. Acabou transformando-se num homem primitivo e toda a consciência o abandonou, porque ele não soubera fazer bom uso dela. Podemos afirmar que regrediu muito aquém do homem primitivo, tornando-se completamente inumano. Era a própria imagem de Humbaba, o monstro. Toda essa história simboliza a degeneração regressiva completa de um homem que quis ultrapassar-se para além de qualquer medida.

247   Esse caso, como o do paciente que estamos analisando, reflete o eterno problema do homem de sucesso, que atingiu o nível superior a si próprio, e que, entretanto, sofre as contradições de seu inconsciente. As contradições surgem inicialmente nos sonhos, e quando não são aceitas podem ser experimentadas na realidade, às vezes de maneira fatal. Os sonhos históricos, bem como todos os outros, têm *função compensatória*: são indicações – sintomas, se os senhores assim o preferirem – de que o indivíduo não está em sintonia com as condições do inconsciente, sendo prova de que, em qualquer ponto, ele desviou-se de seu caminho natural. Em algum ponto tornou-se vítima de suas próprias ambições, de seus propósitos ridículos. Caso não seja dada importância a esses avisos, a fenda irá ficando cada vez mais larga, e ele nela cairá, como o paciente que estamos hoje examinando.

248   Quero chamar a atenção para o fato de que não é seguro interpretar um sonho sem percorrer todos os detalhes de seu

contexto, com todo o cuidado possível. Nunca aplique nenhuma teoria, mas pergunte sempre ao paciente como ele se sente em relação às imagens que produz. Pois os senhores sempre se referem a um problema particular do indivíduo, sobre o qual há um julgamento consciente, da mesma forma que o corpo reage quando comemos demais ou não comemos, ou quando o maltratamos. *Os sonhos são a reação natural do sistema de autorregulação psíquica.* Tal formulação, a que consegui chegar, é a que está mais próxima de uma teoria sobre a estrutura e função oníricas. Afirmo mais uma vez que os sonhos são tão complexos, imprevisíveis e incalculáveis como as pessoas que observamos na vida de todos os dias. Se tivermos um momento de contato com alguém, e logo a seguir depararmos com esta pessoa noutra situação totalmente diferente, sentiremos as mais diversas reações, e isso é exatamente o que se dá com os sonhos, onde somos tão multifacetados como na vida comum. E, da mesma forma que não conseguimos estabelecer uma teoria sobre tantos aspectos da personalidade consciente, não conseguimos estabelecer regras em relação aos sonhos. E se o conseguíssemos teríamos um conhecimento quase divino da mente humana, o que certamente não atingiremos. O que sabemos desse campo é uma pequena preciosidade, e assim chamamos tudo o que não sabemos de inconsciente.

Hoje vou contradizer-me e vou quebrar todas as minhas normas. Interpretarei um sonho em separado, sem enquadrá-lo numa série de outros; além do mais não conheço o sonhador e, ainda por cima, não estou de posse das associações, o que valeria dizer que estou interpretando o sonho arbitrariamente. Mas justifico esse procedimento: se o sonho é formado de material *pessoal*, faz-se necessário o recurso a associações individuais. Mas se sua estrutura for basicamente *mitológica,* diferença que é óbvia logo à primeira vista, a linguagem então será universal, e tanto você quanto eu poderemos traçar paralelos, com os quais o contexto será construído, supondo-se sempre que tenhamos o conhecimento necessário para o trabalho. Quando, por exemplo, surge o conflito do herói e do dragão, todo mundo tem qualquer coisa a dizer sobre isso, porque afinal todos já lemos histórias de fadas e lendas que tratam de heróis e de seus dragões. Ao nível coletivo dos sonhos, não há praticamente diferença entre os seres humanos, residindo toda a diferenciação ao nível pessoal.

250   A base central do sonho que iremos ver é mitológica e nos defrontamos com a questão: Sob quais condições se tem um sonho mitológico? Em nossos meios eles são um tanto raros, pois nossa consciência está grandemente separada da mente arquetípica subjacente. Eis por que sentimos os sonhos míticos como elementos bastante alienados, o que entretanto não se dá com uma mente mais próxima da psique primitiva. Os primitivos dão grande atenção a esse tipo de sonhos, chamando-os de "grandes sonhos", em oposição às imagens oníricas comuns. Sentem que eles são importantes, bem como encerram um significado real. Eis a razão de, numa comunidade primitiva, o sonhador sentir-se impelido a anunciá-lo na assembleia dos homens, onde uma discussão se estabelece sobre o seu conteúdo. O mesmo se dava com o senado romano. Temos a história da filha de um senador do século I a.C., que sonhou *que a deusa Minerva lhe havia aparecido e lamentado que o povo romano estivesse negligenciando o seu templo*. A moça sentiu-se impelida a transmitir o sonho ao senado, que logo a seguir votou uma verba para a restauração do templo. Sófocles narra um caso semelhante, quando do roubo de um precioso vaso de ouro do templo de Hércules. *A própria divindade apareceu a Sófocles, em sonhos, e disse-lhe o nome do ladrão*[49]. Depois de tal aviso ter-se repetido três vezes, Sófocles viu-se obrigado a informar o Areópago. O tal homem foi preso, e ao curso das investigações acabou confessando tudo e devolveu o que roubara do templo. Os sonhos arquetípicos ou mitológicos têm um caráter especial, que força a pessoa instintivamente a contá-los. E esse instinto é perfeitamente explicável, já que tais fatos não pertencem à pessoa; pelo contrário, inserem-se no coletivo. No sentido geral também têm sua dose de verdade para o indivíduo. Eis por que na Antiguidade e na Idade Média os sonhos eram levados em grande consideração; sentia-se que eles expressavam uma verdade humana coletiva.

---

49. Cf. SCHNEIDEWIN, F.W. (org.). *Sophokles*. Vol. I, Introdução geral. Berlim: Weidmann, 1860, p. XVI.

Bem, finalmente eis aqui o sonho. Foi-me enviado por um 251
colega há alguns anos atrás, com algumas observações relativas
ao sonhador. Meu colega era psiquiatra de uma clínica, e o paciente, um jovem francês, bastante destacado em seu meio. Tinha vinte e dois anos, era extremamente inteligente e dotado de
grande percepção estética. Fora em viagem para a Espanha e de lá
voltara com uma grande depressão, que havia sido diagnosticada
como insanidade maníaco-depressiva, com predomínio da forma
depressiva. Não se encontrava muito mal, mas nem tão bem para
deixar de procurar uma clínica. Depois de seis meses recebeu alta
e alguns meses mais tarde o jovem suicidou-se. Quando saiu, não
se encontrava mais sob depressão, a qual estava praticamente curada; suicidou-se num estado de aparente lucidez. Pelo sonho com-
preenderemos por que ele cometeu suicídio. Ei-lo aqui. Ocorreu
no começo da depressão: *Sob a grande catedral de Toledo, há um
fosso cheio de água, que tem conexão subterrânea com o rio Tejo,
que rodeia a cidade. O fosso é um quarto escuro e pequeno. Na
água há uma grande serpente, cujos olhos brilham como joias. Perto dela um vaso de ouro, contendo uma adaga também de ouro.
A adaga é a chave da cidade de Toledo, e seu possuidor exerce
todo o poder sobre a cidade. O sonhador sabe que a serpente é a
amiga protetora de uma determinada pessoa, um seu amigo muito
jovem, que está presente. B.C., o amigo, põe o pé descalço na boca
da serpente, que o lambe amigavelmente, e o rapaz diverte-se em
brincar com ela. Não a teme porque é uma criança sem culpa. No
sonho, B.C. parece ter sete anos de idade, e realmente fora amigo
do sonhador bem no início da infância. E desde esse período, diz
o sonho, a serpente ficou esquecida e ninguém mais ousou descer
aos seus domínios.*

Esta parte é uma espécie de introdução e só agora entrare- 252
mos na ação propriamente dita. *O sonhador encontra-se só com
a serpente. Conversa com ela respeitosamente, sem temer nada. O
animal diz-lhe que a Espanha pertence a ela, por ser amiga de B.C.,
e pede-lhe para devolver-lhe o menino. O sonhador se recusa a fazê-lo, mas promete, ao invés disso, descer à escuridão da caverna e
ser amigo da serpente. Mas logo a seguir muda de ideia; e, ao invés
de cumprir sua promessa, decide mandar um outro amigo, um Sr.*

S. Este homem descende dos mouros espanhóis e, para arriscar-se a descer ao fosso, deverá recobrar a coragem original de sua raça. O sonhador aconselha-o a armar-se com a espada de punho vermelho, que está na velha fábrica de armas que se encontra do outro lado do rio Tejo. Diz-se ser uma espada muito antiga, datando da época dos antigos fócios[50]. O Sr. S. obtém a arma e desce ao fosso, e o sonhador diz-lhe que deverá atravessar a palma da mão esquerda com a espada. Segue o que lhe é dito, mas não consegue dominar-se na presença poderosa da serpente. Envolvido por medo e dor, grita e corre estabanadamente pela escada, sem ter tocado a adaga. Assim, S. não pode dominar Toledo, nada havendo que pudesse ser feito pelo sonhador em relação ao problema, tendo de conformar-se em deixar S. perdido lá embaixo, servindo de ornamento a uma parede. Eis aí o fim do sonho. O original evidentemente encontra-se em francês. Bem, vejamos o seu contexto. Temos certas suspeitas quanto a esses dois amigos. B.C. conheceu o sonhador, logo no início da juventude; era um pouco mais velho que ele. O sonhador projetava tudo o que havia de belo e maravilhoso nesse rapaz, fazendo-o uma espécie de herói. Mas depois os dois amigos perderam contato; talvez o rapaz tenha morrido. S. é um amigo, de data muito recente, que possivelmente descende dos mouros espanhóis. Não o conheço pessoalmente, mas conheci sua família, que é muito antiga e respeitada no sul da França. E seu sobrenome pode bem ser mouro. O paciente conhecia a lenda sobre a família de S.

253   Como já disse, a pessoa que estamos focalizando recentemente visitara a Espanha e logicamente estivera em Toledo, sendo que o sonho se deu logo depois da volta, pouco antes de ele ser levado à clínica. Estava em péssimo estado, praticamente em desespero, e não pôde deixar de contar o sonho ao seu médico. Meu colega não sabia o que fazer, e apressou-se em transmitir-me o sonho, prevendo que se tratava de coisa importante. Na época em que eu o recebi, entretanto, eu não tinha conhecimento sobre esse tipo de imagens, mas tive a impressão de que, se soubesse alguma coisa a mais sobre esses sonhos e, se eu mesmo tivesse tratado do caso,

---

50. Moradores da antiga Fócia na Ásia Menor fundaram Massilia (Marseille) e colônias na costa oriental da Espanha.

talvez fosse capaz de ajudar o rapaz, e ele não chegaria ao suicídio. Desde aquela época tenho estado em contato com muitos casos semelhantes. Normalmente se pode evitar uma situação difícil através do entendimento dessas imagens. Com um indivíduo tão sensível e evoluído, que estudara história da arte, sendo pessoa dotada de um incomum senso artístico e de inteligência, o analista tem que ser sempre muito cuidadoso, pois as banalidades não conseguem nada nessas condições. Deve-se ser totalmente sério e entrar realmente nos fatos.

Não podemos estar caindo em engano quando imaginamos 253a que o sonhador escolheu Toledo por alguma razão particular; e ele a escolheu como objeto de seu sonho e de sua viagem. E o material é praticamente o mesmo que todo mundo traria se tivesse visitado a cidade com a mesma disposição mental, a mesma educação, com o mesmo refinamento, com suas noções estéticas e o seu conhecimento. Toledo é uma cidade extremamente impressionante, exercendo uma espécie de fascínio sobre as pessoas. Lá existe uma das mais belas catedrais góticas do mundo. Um lugar de tradição incomensuravelmente antiga; é a velha Toletum dos romanos, que por séculos foi sede do cardeal-arcebispo e primaz da Espanha. Do VI ao VIII séculos fora a capital dos visigodos; do século VIII ao século XI foi a província que serviu de capital ao reinado mouro, e do século XI até o século XVI, a capital de Castela. Sua catedral, por ser tão impressionante e bela, sugere, naturalmente, tudo o que a cidade representava: a grandeza, a força, o esplendor e o mistério do cristianismo medieval, que encontrava sua expressão essencial na Igreja. Eis por que a catedral é o corpo, a encarnação do reino espiritual, pois na Idade Média o mundo era regido pelo imperador e por Deus. Assim ela expressa a filosofia cristã ou a *Weltanschauung* da Idade Média.

O sonho diz que sob a catedral há um lugar misterioso. O que 254 na realidade não se afina muito com uma igreja cristã. O que havia sob as catedrais naquela época? Sempre existiu essa parte chamada cripta. Provavelmente todos os presentes já viram a grande cripta de Chartres; ela dá uma boa ideia do caráter de mistério desses lugares. Em Chartres antigamente havia um velho santuário com um poço, onde se processava a adoração de uma virgem – não a

Virgem Maria, como se dá agora, mas de uma deusa céltica. Sob toda igreja cristã da Idade Média há um lugar secreto, onde nos velhos tempos os mistérios eram celebrados. O que atualmente denominamos os sacramentos da Igreja eram os mistérios da Igreja primitiva. Em provençal a cripta é chamada *le musset*, que significa segredo; a palavra origina-se de *mysteria* e poderia significar lugar de mistério. Em Aosta, na Itália, onde se fala um dialeto provençal, há um *musset* sob a catedral.

255   A cripta talvez se origina do culto de Mitra, cujo rito central se dava numa abóbada subterrânea, sendo que a comunidade permanecia separada em cima, na igreja principal. Aí havia certos orifícios, através dos quais se podiam ouvir e ver os sacerdotes e os eleitos cantando e celebrando os ritos, mas era impossível de se penetrar na parte da celebração. O que seria um privilégio apenas para os iniciados. Nas igrejas cristãs a separação do batistério do corpo central da igreja deriva da mesma ideia, porque o batismo, bem como a comunhão, eram mistérios dos quais ninguém podia falar diretamente. Devia ser usada uma espécie de alusão alegórica, para não trair os segredos. O nome de Cristo também estava cercado de mistério, e consequentemente não podia ser proferido. Referiam-se a ele pelo nome de *Ichthys*, o Peixe. Os senhores provavelmente já viram reproduções cristãs primitivas, onde Cristo aparece como peixe. Tal segredo, em relação ao nome sagrado, talvez seja a razão pela qual o seu nome não apareça num documento elaborado por volta de 140 d.C., conhecido como *O Pastor de Hermas*[51], que era parte importante do corpo da literatura cristã, reconhecido pela Igreja até aproximadamente o V século. O autor de tal livro de visões, Hermas, é supostamente o irmão do bispo romano Pio. E seu mestre espiritual que lhe aparece em visões é chamado Poimén, o Pastor, e não o Cristo.

256   Esta ideia de cripta, ou lugar de mistério, nos conduz para algo anterior à *weltanschauung* cristã. Alguma coisa mais velha que o próprio cristianismo, como o poço pagão sob a catedral de Chartres, ou como uma antiga caverna habitada por uma serpente.

---

51. Cf. JUNG, C.G. *Tipos psicológicos* [OC, 6; § 430s.].

É óbvio que o poço com a serpente não foi um fato verdadeira-mente presenciado pelo nosso viajante ao passar pela Espanha, e que esta imagem onírica não é uma experiência individual; ela pode apenas ser compreendida através de um conhecimento arqueológico e mitológico. Teria de dar aos senhores uma certa dose desse paralelismo, a fim de que todos percebessem em que contexto surge o arranjo simbólico, considerado do ponto de vista do trabalho da pesquisa comparativa. Sabemos que toda igreja ainda tem sua fonte batismal, que originalmente era a *piscina*, na qual os iniciados eram banhados ou, simbolicamente, afogados. Depois de uma morte figurativa, imagística, no banho batismal, os iniciados ressurgiam transformados, *quasi modo geniti*, como renascidos. Assim podemos supor que a cripta e a fonte batismal tenham um significado de lugar de terror e morte, mas também de renascimento, lugar onde iniciações obscuras se processam.

A serpente na caverna é uma imagem que frequentemente 257 ocorre na Antiguidade. E é importante compreender que na Antiguidade clássica, bem como em outras civilizações, a serpente não somente era um animal que provocava medo por representar perigo, mas também significava alívio e cura. Aí está a razão pela qual Asclépio, o deus dos médicos, está associado à serpente; todos conhecemos seu emblema, que ainda se encontra em uso. Nos tempos desse deus, nos *asklepieia*, que eram as antigas clínicas, havia um buraco no solo, coberto com uma pedra, e aí morava a serpente sagrada. Através de uma brecha feita na pedra, as pessoas que vinham em busca de cura jogavam as oferendas e o pagamento para os médicos. A serpente era ao mesmo tempo o caixa da clínica e o coletor de dádivas que eram jogadas na caverna. Durante a grande peste do tempo de Diocleciano, a famosa serpente de Asclépio no Epidauro foi trazida para Roma como antídoto para o mal, representando o próprio deus.

Esse animal não é apenas um deus de cura, é também o dom 258 da sabedoria e o dom da profecia. A fonte de Castália, em Delfos, era inicialmente habitada por uma pitonisa. Apolo lutou com ela e a venceu, e desde então Delfos passou a ser a sede do famoso oráculo, e Apolo o seu deus, até que ele perdeu a metade de sua força para Dioniso, que mais tarde chegou do Oriente. No mundo subterrâneo, onde moram os espíritos dos mortos, as cobras e a água são elementos inseparáveis, e podemos ler sobre isso em *As rãs*, de Aristófanes. Em lendas a serpente é frequentemente substituída pelo dragão; no latim, *draco* significa simplesmente *cobra*. Um paralelo particularmente sugestivo em relação ao nosso sonho é uma lenda cristã do século V, sobre São Silvestre[52]: Havia um enorme dragão sob a rocha Tarpeia, em Roma, ao qual virgens deveriam ser sacrificadas. Outra lenda diz que o dragão não era real, mas feito por mãos humanas, e que um monge desceu às profundezas para averiguar a verdade, e, ao chegar lá, viu que o animal tinha uma espada na boca e que seus olhos eram joias faiscantes.

259   Com muita frequência essas cavernas, como a de Castália, continham fontes, que desempenhavam papel de relevante importância no culto de Mitra, dos quais se originaram muitos elementos da Igreja primitiva. Porfírio[53] "revela que Zoroastro, o fundador da religião persa, dedicou a Mitra uma caverna contendo muitas fontes. Quem dentre os presentes esteve na Alemanha e visitou Saalburg, perto de Frankfurt, deverá ter visto a fonte perto da gruta de Mitra; tal culto vem sempre relacionado a uma fonte. Há um belo templo de Mitra na Provença, com uma piscina de água cristalina, tendo no fundo uma pedra com a escultura de Mitra Tauroktonos – Mitra, o matador do touro. Santuários como esse sempre constituíram grande escândalo para a cristandade primitiva, que odiava todos esses arranjos naturais, por não serem, os cristãos, grandes amigos da natureza. Em Roma, um templo em honra desse mesmo deus foi descoberto a dez pés abaixo da Igreja de São Clemente. Encontra-se ainda hoje em boas condições, mas a água o encobriu e quando se bombeia o poço, ele se enche novamente; está sempre submerso porque ali se ajuntam as fontes que vêm de partes mais interiores, e a nascente nunca foi encontrada. Conhecemos outras formas religiosas, como o culto a Orfeu, que estava sempre associado com a ideia da água nascendo num mundo subterrâneo.

52. Cf. JUNG, C.G. *Símbolos da transformação* [OC, 5; § 572s.].

53. Id., ibid. [OC, 5; § 484[18]]. PORFÍRIO. *De antro nynpharum*. Apud DIETERICH, A. *Eine mithrasliturgie*. 2. ed. Berlim: [s.e.], 1910, p. 63.

Todo o material que estou apresentando pode dar-nos a ideia 260
de que a serpente na caverna cheia de água é uma imagem bastante
conhecida, desempenhando um papel importante na Antiguidade,
de onde extraí todos os meus exemplos de hoje; poderia escolher
paralelos em outras civilizações, e os senhores veriam que são os
mesmos. A água das profundezas representa o inconsciente. E lá,
via de regra, há um tesouro guardado por uma serpente ou dragão.
No nosso sonho, era o vaso de ouro com a adaga em seu interior, e
para esses objetos serem recuperados o dragão deveria ser vencido.
A coisa preciosa é de natureza muito cheia de mistério, ligando-se
à serpente de forma estranha. A natureza tão peculiar do animal
também denota o caráter do tesouro, unificando as duas coisas.
Geralmente há uma cobra de ouro acompanhando o tesouro. E
esse mineral é buscado por todas as pessoas. O que seria o mesmo
que dizer ser a serpente a própria coisa preciosa, fonte de imenso
poder. Nos mitos gregos primitivos, aquele que se aventura na caverna é um herói, como Cécrops, o fundador de Atenas; na parte
superior ele é metade homem, metade mulher, um hermafrodita;
mas na parte inferior de seu corpo ele é uma serpente. O mesmo
se diz de Erequiteu, outro rei mítico de Atenas.

Este preâmbulo nos prepara um pouco para entendermos o 261
vaso de ouro e a adaga, no sonho que estamos focalizando. Se os
senhores viram o *Parsifal* de Wagner, terão percebido que o vaso
corresponde ao Graal, e a adaga à lança, e que os dois formam
uma unidade; são os princípios masculino e feminino que formam a união dos opostos. A gruta, ou mundo subterrâneo, representa uma camada do inconsciente onde não há nenhuma discriminação, nem diferenciação entre masculino e feminino, que
é a primeira distinção feita pelos primitivos. Eles distinguem os
objetos por essa maneira, como nós ocasionalmente o fazemos;
algumas chaves, por exemplo, têm em sua parte frontal um orifí-
cio e outras são maciças; normalmente elas são chamadas macho
e fêmea – chave macho e chave fêmea. Vejamos por exemplo os
telhados italianos; as telhas convexas são colocadas sobre telhas
côncavas – as de cima são chamadas monges e as de baixo, frei-
ras. Não se trata de nenhuma piada suja por parte dos italianos,
mas sim da quintessência da discriminação.

262   Quando o inconsciente mistura o masculino e o feminino, tudo se torna indiferenciado, não é mais possível estabelecer diferenças de espécie alguma, da mesma forma que Cécrops veio de uma distância tão mítica que ninguém poderia dizer se ele era homem ou mulher, humano ou ofídio. Vemos então que o fundo da cisterna é caracterizado pela completa união dos opostos. Aí está a condição primordial das coisas e que é também por si um fim ideal, por ser a integração de elementos eternamente opostos. O conflito chegou ao fim, tudo está parado, ou mais uma vez no estado inicial de harmonia indistinta. A mesma ideia encontra-se na antiga filosofia chinesa. A condição ideal é denominada Tao, e consiste na total harmonia entre o céu e a terra. A Fig. 13 representa o seu símbolo. Um lado é branco com um ponto preto e o outro é preto com um ponto branco. O lado claro representa o calor, o seco, o princípio do fogo, o sul; o lado escuro é o princípio frio, negro, úmido, o norte. Essa imagem representa o começo do mundo, onde ainda nada teve princípio – é também a condição a ser alcançada pela atitude da sabedoria superior. A união dos dois princípios, masculino e feminino, é a imagem arquetípica. Certa vez pude presenciar um belo exemplo de sua forma primitiva ainda viva. Quando prestava serviço militar durante a guerra, tomei parte no grupo de artilharia nas montanhas, e os soldados tinham de cavar um fundo fosso para colocar ali um canhão bem pesado. O solo era extremamente refratário e os soldados praguejavam sempre enquanto cavavam os blocos duros. Eu estava sentado atrás de uma rocha, fumando o meu cachimbo, e escutava o que eles diziam. Um deles exclamou: "Ah, essa desgraça amaldiçoada. A gente já cavou até às profundezas dessa valeta miserável, já chegou onde moravam os fantasmas do lago e onde o pai e a mãe ainda estão dormindo juntos!" É essa mesma ideia expressa de

Fig. 13 – O Tao

forma muito ingênua. Um mito negro diz que o primeiro homem e sua mulher dormiam juntos na *calabash* (cabaça, em português); estavam totalmente inconscientes, até que alguma coisa se moveu e os despertou: era o filho no meio dos dois. O homem estava entre eles, e desde então ambos tornaram-se entidades separadas e puderam conhecer-se. A condição inicial de absoluta inconsciência é expressa como um estado de descanso total, onde nada acontece.

Quando o sonhador chega a tais símbolos, atinge a camada da total inconsciência, que é representada pelo grande tesouro. O motivo central do *Parsifal*, de Wagner, é que a espada seja trazida novamente para junto do Graal, por serem elementos que devem permanecer eternamente unidos. Essa união simboliza a plenitude total, a eternidade antes e depois da criação do mundo, uma condição dormente, nirvânica. Talvez seja a coisa buscada pelo desejo do homem. Aí está por que ele se aventura pela caverna do dragão a fim de encontrar o estágio em que o consciente e o inconsciente estão a tal ponto unidos que, finalmente, não são mais nem uma coisa nem outra. E quando, por algum motivo, os dois se separam em demasia, a consciência procura uni-los novamente, mergulhando nas profundezas onde, a um certo tempo, eles foram um. Assim, encontramos na ioga tântrica, ou na ioga kundalini, um esforço por atingir o estado em que Shiva se encontra em união eterna com Shakti. Shiva é o ponto eternamente não desenvolvido e está circundado pelo princípio feminino, Shakti, na forma de uma serpente.

Poderia dar-lhes muito mais exemplos dessa ideia, que representou um grande papel na tradição secreta da Idade Média; nos textos alquímicos há reproduções da união do Sol e da Lua, do princípio masculino e feminino. Encontramos motivos análogos nas narrações cristãs sobre os mistérios, como por exemplo a narrativa de um bispo, Astério, que fala de Elêusis. Lá se diz que todo ano o padre fazia a *katábasis* ou descida à caverna. O sacerdote de Apolo e a sacerdotisa de Deméter, a mãe Terra, celebravam o *hierosgamos*, ou núpcias sagradas, para a fertilização da terra. É uma afirmação cristã, não documentada, pois os iniciados eleusianos guardavam a esse respeito o mais absoluto segredo; se traíssem alguma coisa eram punidos de morte. Eis a razão de não termos quase conhecimento nenhum de seus ritos. Entretanto sabemos que

durante os mistérios de Demetér se desenrolavam certas obsceni-
dades por serem julgadas propícias à fertilidade da terra. As damas
mais distintas de Atenas se reuniam sob a presidência da sacerdotisa de Demetér. Havia uma farta refeição, muito vinho e depois era
celebrado o rito de *aischrologia*, que consistia em contar piadas e
ditos indecentes, o que era considerado um dever religioso, pro-
piciador de bons efeitos sobre a fertilidade da próxima estação[54].
Um ritual semelhante acontecia em Bubástis, no Egito, no tempo
dos mistérios de Ísis, quando os habitantes das cidades da parte
superior do Nilo desciam para a festa, e as mulheres, nos barcos,
costumavam expor-se para as mulheres das margens do Nilo. Isso
era feito provavelmente com o mesmo propósito da *aischrologia*,
para assegurar a fertilidade da terra. A esse respeito há referências
em Heródoto[55]. No sul da Alemanha, por volta do século XIX, a
fim de aumentar a produtividade do solo, o camponês costumava
levar sua mulher para o campo e manter relações sexuais com ela
num sulco cavado na terra para a plantação. É o que se denomina
de magia simpática.

265   O vaso é um utensílio que recebe ou contém, por isso mesmo
é feminino, símbolo do corpo que contém *anima*, o sopro e a água
da vida, enquanto que a adaga tem a capacidade de perfurar, penetrar, sendo portanto um elemento masculino, que corta, divide,
discrimina; é uma simbolização do princípio masculino do *logos*.

266   No sonho que estamos analisando, esse instrumento aparece
como a chave de Toledo e essa ideia de chave sempre vem associada ao mistério dentro da caverna. No culto de Mitra há uma
espécie particular de deus, o deus da chave, ou Aiôn, cuja presença
não pode ser explicada, mas creio que ela pode ser perfeitamente
inteligível. Sua representação é o corpo de um homem alado, que
tem cabeça de leão, estando envolvido por uma cobra que se eleva
acima de sua cabeça[56]. Há uma representação dele no Museu Britâ-

---

54. JUNG, C.G. *Psicologia e alquimia* [OC, 12; § 105]. • FOUCART, P.F. *Les Mys-tères d'Eleusis*. Paris: [s.e.], 1914, p. 55s.

55. HERÓDOTO. *Historiarum Libri IX*. Vol. 2, 60. Leipzig: [s.e.], 1899-1901.

56. JUNG, C.G. *Símbolos da transformação* [OC, 5; Fig. 84].

nico; ele é o tempo infinito e a longa duração, o deus supremo da hierarquia mítrica, que cria e destrói todas as coisas. *A durée créatrice* de Bergson é um deus: Sol. Leão é um signo zodiacal de quando o Sol atravessa o verão, enquanto a cobra simboliza o inverno ou o tempo úmido. Dessa forma, Aiôn, o deus de cabeça de leão, envolvido por uma cobra, novamente representa a união de opostos, luz e sombra, masculino e feminino, criação e destruição. Ele é representado com os braços cruzados, tendo uma chave em cada mão. É o pai espiritual de São Pedro, que também é o dono das chaves. As chaves que guardam o caminho do passado e do futuro.

Os antigos rituais de mistério vinham sempre ligados a divindades psicopômpicas. Algumas delas estão de posse das chaves do mundo subterrâneo, pois como guardiãs da porta têm como dever vigiar a descida dos iniciados para a escuridão, sendo os guias para os mistérios. Hécate é uma delas.   267

Em nosso sonho temos a chave de Toledo, e assim devemos considerar o significado de Toledo e da cidade. A velha capital da Espanha era uma fortificação de grande poder, o protótipo da cidade feudal, refúgio e proteção que não podia ser facilmente atingido pelo lado de fora. A cidade representa uma totalidade fechada sobre si mesma, uma força impossível de ser destruída, que existiu durante séculos e que existirá ainda durante muitos outros. Simboliza, portanto, a totalidade humana, uma forma de plenitude que não pode ser dissolvida.   268

Cidade como sinônimo do si-mesmo, de totalidade psíquica, é uma imagem bastante conhecida. Lemos, por exemplo, nos *ditos de Oxirrinco*[57] as seguintes palavras de Jesus: "A cidade construída sobre uma colina alta e estável não pode cair jamais, nem ser escondida. Lutais então para conhecer-vos e sabereis que sois os filhos do Pai poderoso, que estais na cidade de Deus e que vós sois a cidade". Há um tratado copta, no Código Bruciano, onde surge a ideia da monogênese, ou do filho único de Deus, que também é o *anthro-*   269

---

57. HENNECKE, E. (org.). *Neutestamentliche Apokryphen*. Tübingen/Leipzig: Mohr, 1904, p. 36. • GRENFELL, B.P. & HUNT, A.S. (org. e trad.). *New Sayings of Jesus and Fragment of a Lost Gospel from Oxyrhynchus*. Nova York/Londres: [s.e.], 1904, p. 38 e 16.

pos, ou seja, o homem[58]. Ele é chamado à cidade de quatro portas, que simboliza a ideia de totalidade; o indivíduo que possui as quatro saídas para o mundo, as quatro funções psicológicas, estando assim contido no si-mesmo. Esta cidade é a sua totalidade indestrutível, o consciente e o inconsciente unidos.

270   Então, essas profundidades, em nível de tão grande inconsciência que surge em nosso sonho, contêm ao mesmo tempo a chave para a individualidade, em outras palavras, para a cura. O significado de "totalidade" ou "total" é tornar sagrado ou curar. A descida à profundidade trará a cura. É o caminho para o encontro pleno, para o tesouro que a humanidade sempre buscou sofrendo, e que se esconde num lugar guardado por um perigo terrível. É o lugar da inconsciência primordial, e ao mesmo tempo de cura e redenção, pois contém a joia da inteireza. É a caverna onde mora o dragão do caos, e também a cidade indestrutível, o círculo mágico ou *temenos*, o recinto sagrado onde todos os fragmentos separados da personalidade se unem.

271   O uso de um círculo mágico ou *mandala*, como é chamado no Oriente, para propósitos de cura, é uma ideia arquetípica. Quando um homem está doente, os índios pueblo do Novo México fazem na areia o desenho de um mandala com quatro passagens. No centro dele constroem uma "casa de suor", lugar de cura, e lá o paciente tem de submeter-se ao tratamento do suor. No chão do lugar da cura pintam um outro círculo mágico – colocado assim no centro do grande mandala – e no meio dele colocam um vaso com a água da cura, simbolizando a entrada no mundo subterrâneo. A simbolização que encontramos nessa cerimônia é claramente análoga à que encontramos no inconsciente coletivo. É um processo de individuação, de identificação com a totalidade da personalidade, com o si-mesmo. Na simbologia cristã, a plenificação é Cristo, e o processo de cura consiste na *imitatio Christi*. As quatro passagens são substituídas pelos quatro braços da cruz.

---

58. Ms. Bruce 96, Bodleian Library, Oxford. Cf. tb. JUNG, C.G. *Psicologia e alquimia* [OC, 12; § 138s.].

A serpente na caverna em nosso sonho é amiga de B.C., o 272 herói da infância do sonhador, no qual ele projetou tudo o que desejava ser, todas as virtudes a que aspirava. Este jovem amigo está em paz com a serpente; é a criança inocente que desconhece totalmente qualquer espécie de conflito. Consequentemente tem a chave de Toledo e o poder sobre as quatro passagens.

Discussão

Dr. David Yellowlees:

Não é necessário que diga que não pretendo questionar nada 273 do que foi dito hoje. Agradecemos sinceramente ao Prof. Jung pelo tão fascinante relato de ideias, o que ele preferiu fazer ao invés de perder tempo em assuntos controvertidos. Mas alguns dos presentes ficariam satisfeitos se o Prof. Jung reconhecesse que abordamos a psicologia e a psicoterapia através de linhas diferentes, talvez não exclusivamente freudianas, mas de acordo com certos princípios fundamentais, aos quais o nome de Freud se encontra associado, embora sem havê-los exatamente descoberto. Concordamos que o Prof. Jung apresentou o que acreditamos ser uma visão mais ampla; alguns dos que se encontram aqui preferem essa visão, e talvez os próprios freudianos possam dizer o porquê. Mas, na noite passada, surgiu uma questão sobre a relação entre o conceito do inconsciente apresentado pelo Prof. Jung e o conceito de Freud sobre o mesmo ponto. Creio que o conferencista poderia ter ainda a grande gentileza de ajudar-nos um pouco mais na elucidação desse tópico. Sei muito bem que minha interpretação pode ser falha, mas a impressão que na noite de terça-feira tive foi a de que ele tratava com fatos e Freud com teorias. O professor sabe tão bem quanto eu que essa afirmação tão simples requer alguma explicitação. Desejaria que nos dissesse, por exemplo, o que fazer, do ponto de vista terapêutico, com um paciente que produz de maneira espontânea o que chamaria de material freudiano, e até onde poderíamos ir, com relação às teorias freudianas, considerando-as apenas como teorias, em vista da evidência que pode ser provada através de matérias tais como fixação infantil da libido oral, anal, fálica etc.

Ficaríamos gratos se o professor se detivesse sobre esse ponto a fim de estabelecer alguma espécie de correlação.

C.G. Jung:

274 Já de início lhes disse que não quero ser crítico; assim estou dando um ponto de vista muito particular de como abordo o material psicológico. Se os senhores quiserem ouvir toda a minha contribuição, poderão, então, decidir sobre essas questões e também sobre quanto de Freud, Adler ou de meus pontos de vista selecionarão. Se quiserem que elucide a questão da conexão com Freud, eu poderei fazê-lo de bom grado. O início de minha carreira se deu em linhas inteiramente freudianas; fui até considerado como seu melhor discípulo. Estive em ótimos termos com ele até a hora em que concluí que algumas coisas eram simbólicas. Aí Freud não concordou e identificou seu método com a teoria, e a teoria com o método. Isto é impossível; não se pode jamais identificar método com ciência. E por essa razão afirmei que não continuaria publicando o *Jahrbuch*[59]. E assim abandonei a publicação.

275 Não obstante tenho plena consciência dos méritos de Freud e não tenho intenção alguma de diminuí-los. Sei, inclusive, que o que ele diz se adapta a uma grande parte das pessoas, e é possível afirmar que tais pessoas têm exatamente o tipo de psicologia que ele descreve. Adler, cujo ponto de vista era completamente diverso, também tem um grande número de seguidores, e estou convencido de que muitos têm uma psicologia adleriana. Também tenho os meus – não tão numerosos quanto os de Freud –, eles são pessoas que têm presumivelmente a minha psicologia. Chego a considerar minha contribuição como minha própria confissão subjetiva. É a minha pessoa que está nisso, meu "preconceito" que me leva a ver os fatos de minha própria maneira. Mas espero que Freud e Adler façam o mesmo e confessem que suas ideias representam pontos de vista subjetivos. Desde que admitamos nosso preconceito estaremos realmente contribuindo para

---

59. *Jahrbuch für Psychoanalytische und Psychopathologische Forschungen* (Leipzig/ Viena). Jung se afastou como editor em 1913.

uma psicologia objetiva. É impossível evitarmos o prejulgamento de nossos ancestrais, que veem as coisas a seu modo, e assim instintivamente adotamos certos pontos de vista. Seria eu um neurótico se visse as coisas de maneira oposta ao impulso de meus instintos; como dizem os primitivos, minha cobra estaria contra mim. Quando Freud afirmou certas coisas, ela não concordou. E sigo o caminho que essa serpente me indica que para mim é o melhor. Há pacientes, entretanto, com os quais tenho efetuado análise freudiana, atravessando todos os detalhes que Freud descreveu corretamente. Outros casos forçam-me a uma linha adleriana, por tratar-se, então, exatamente de um complexo de poder. Pessoas que têm capacidade de adaptar-se e têm sucesso, normalmente apresentam uma psicologia freudiana, pois em tal posição estão procurando a realização de seus desejos, enquanto que o homem que não teve sucesso não tem nem tempo para pensar no que deseja. Terá apenas uma vontade – conseguir o sucesso, apresentando então uma psicologia adleriana. Aquele que é sempre colocado em segundo plano desenvolverá fatalmente um complexo de poder.

Este não é o meu caso, pois tenho me saído bem em quase todos os setores e quase sempre consegui adaptar-me. Se no mundo todo ninguém concordar comigo, isto será para mim totalmente indiferente. Tenho um ótimo lugar na Suíça, sinto-me bem, e se meus livros não agradam a ninguém, agradarão a mim. Não há nada melhor do que estar na minha biblioteca, e se faço descobertas nos meus livros, isso é maravilhoso. Não posso dizer que eu tenha uma psicologia freudiana porque nunca tive dificuldades com relação aos meus desejos. Quando menino vivi no campo, e tomava as coisas muito naturalmente, e os fatos naturais e antinaturais de que fala Freud são para mim despidos de interesse. Falar de um complexo de incesto aborrece-me até às lágrimas. Mas sei perfeitamente qual o caminho para tornar-me neurótico: é dizer ou crer em alguma coisa que não concorde comigo, com o que sou. Vejo determinada coisa e digo o que estou vendo; se alguém concorda sinto-me feliz e se ninguém aceitar, isso será indiferente para mim. Não posso professar a confissão de Freud nem a de Adler. Posso concordar apenas com a confissão junguiana porque as coisas se me apresentam dessa forma, mesmo que nenhuma pessoa sobre a terra participe de meus pontos de vista. Aqui o meu único objetivo é mostrar-lhes algumas ideias interessantes, bem como o modo pelo qual apreendo as coisas.

277   Interesso-me sempre em ver um homem trabalhando, sua habilidade faz o encanto do trabalho. A psicoterapia é uma espécie de trabalho, de habilidade, e eu a exerço de minha maneira individual – uma maneira muito humilde, sem nada de particular para mostrar. Não que eu alguma vez creia estar totalmente certo; ninguém pode afirmar isto em assuntos psicológicos. É bom nunca esquecer que em psicologia o *meio* pelo qual se julga e observa a psique é a própria *psique*. Por acaso alguém já ouviu falar de um martelo que bata em si próprio? Na psicologia, o observador é o observado; a psique não é apenas o *objeto*, mas também o *sujeito* de nossa ciência. Como estamos vendo, trata-se de um círculo vicioso e por isso temos de ter uma modéstia incrível. O melhor que podemos esperar é que todo mundo ponha as cartas na mesa e admita: "Conduzo as coisas de tais e tais formas e é assim que as vejo". Aí poderemos comparar as experiências.

278   Sempre confrontei as minhas concepções com Freud e Adler. Três livros foram escritos por alunos meus, que tentaram dar a sinopse dos três pontos de vista[60]. Mas nunca se ouviu falar de procedimento semelhante por parte do outro lado. Assim é o nosso temperamento suíço. Somos liberais e tentamos ver as coisas lado a lado, juntas. Pelo que vejo, o melhor é dizer que há milhares de pessoas com psicologia freudiana e milhares de pessoas com estrutura adleriana. Algumas procuram satisfação de desejos, outras lutam por sentirem-se capazes, e ainda algumas preferem ver as coisas como são, deixando o resto em paz. Não querem mudar coisa alguma. O mundo está bom assim.

279   Existem muitas psicologias. Uma certa universidade americana, ano após ano, publica um volume sobre psicologias de 1934, 1935, e assim por diante. Há um caos total nesse campo, e assim

---

60. KRANEFELDT, W.M. *Die Psychoanalyse*: Psychoanalytische Psychologie (1930). • HEYER. *Der Organismus der Seele* (1932). • ADLER, G. *Entdeckung der Seele* – Von Sigmund Freud und Alfred Adler zu C.G. Jung. Zurique: [s.e.], 1934.

convém que não sejamos tão assustadoramente sérios quanto às teorias psicológicas. Não se trata de nenhum credo religioso, mas de pontos de vista e enquanto formos humanos em relação a isso conseguiremos entender-nos mutuamente. Admito que algumas pessoas possam ter problemas sexuais, enquanto outras apresentam outros problemas. Tenho principalmente outros problemas. A essa altura os senhores têm uma ideia de como eu abordo o mundo. Meu problema é lutar com o monstro enorme do passado histórico, a grande serpente dos séculos, o fardo da mente humana, o problema do cristianismo. Seria bem mais simples se eu não soubesse nada, mas eu sei demais, através de meus ancestrais e de minha própria educação. Outros não se preocupam com isso, não pensam nos fardos históricos que o cristianismo acumulou sobre nós. Mas há aqueles que se preocupam com a grande luta entre o presente, o passado e o futuro. É um tremendo problema humano. Uns fazem a história, outros constroem uma pequena casa nos subúrbios. Ninguém vai resolver o caso de Mussolini dizendo que ele tem um complexo de poder: ele está ligado à política, e isso é a sua vida e a sua morte. O mundo é imenso, e não há uma única teoria que consiga explicar tudo.

Aos olhos de Freud o inconsciente é antes de tudo um receptáculo para coisas reprimidas, e ele o aborda como um canto de quarto de criança. Para mim ele se apresenta como um vasto armazenamento histórico. Tenho consciência da importância de minha primeira infância, mas ela é pequena em comparação com os vastos espaços da história, que sempre me interessaram mais, desde a infância, do que esse problema dos primeiros tempos de vida. Há muitas pessoas que se parecem comigo a esse respeito, e quanto a isso estou otimista. Houve um tempo em que julguei que não encontraria ninguém semelhante a mim; estava com medo de tratar-se de uma megalomania pensar assim. Depois descobri pessoas que se afinavam com meu ponto de vista e fiquei satisfeito de representar uma minoria, cujos fatos psicológicos básicos se expressavam mais ou menos pela minha formulação. E quando se submetem tais pessoas à análise, vê-se que elas não concordam nem com Freud, nem com Adler, mas comigo. Já fui criticado pela minha timidez. Quando não tenho muita certeza sobre um paciente, dou-lhe livros de Freud, de

Adler, e digo: "Faça a sua escolha", na esperança de estar caminhando pelo lugar mais certo. Às vezes cometemos enganos. Via de
regra, pessoas que atingiram uma certa maturidade e que têm inclinações filosóficas, que são relativamente bem-sucedidas no mundo,
sem ter uma neurose por demais acentuada, concordam com o meu
ponto de vista. Mas não se pode concluir do que eu estou apresentando aqui, hoje, que sempre coloco as cartas na mesa e conto tudo aos pacientes. O tempo não me permitiria abordar todos os detalhes da interpretação, mas certos casos requerem grande acúmulo
de conhecimento, e esses pacientes ficam agradecidos quando deparam com a possibilidade de alargar sua visão do mundo.

281   Não sei como poderei concordar com Freud quando ele chama uma parte do inconsciente de id. Por que dar-lhe esse nome
engraçado? Trata-se do inconsciente, o que equivale a dizer alguma coisa que não conhecemos. Por que chamá-lo de id? É evidente que a diferença de temperamento produz a maneira diferente
de considerar o problema. Seria impossível interessar-me tanto
por esses casos de sexo. Mas é evidente que esses casos existem,
há pessoas com vida sexual neurótica e então temos de conversar
sobre sexo com elas até que se enjoem e aí conseguimos sair fora
desse aborrecimento. Evidentemente, devido à minha atitude
temperamental, espero atravessar essa fase, o mais depressa possível. É uma coisa neurótica e nenhuma pessoa razoável fala nisso
por horas a fio. Não é natural viver em função desse assunto. Os
primitivos são muito reticentes sobre isso. Eles aludem à relação
sexual através de uma palavra equivalente a "calar", "silenciar".
As coisas sexuais são tabus para eles, bem como para nós, se nos
comportarmos de maneira natural. Mas as coisas e lugares, com
características de tabu, são passíveis de se tornarem receptáculos
de todos os tipos de projeção. E muito frequentemente o problema real não se encontra aí de forma nenhuma. Muitas pessoas
criam dificuldades desnecessárias quanto ao sexo, quando as verdadeiras dificuldades são de natureza totalmente diversa.

282   Certa vez um moço me procurou com uma neurose de compulsão. Trouxe-me um manuscrito de sua autoria de cento e quarenta páginas, dando a análise freudiana completa de seu caso.
Era tão perfeito e de acordo com as regras, que poderia ter sido

publicado no *Jahrbuch*. Disse-me: "O senhor poderia ler isso e dizer-me por que não estou curado, embora tenha feito uma psicanálise completa?" Mais tarde respondi-lhe: "É verdade. Eu também não consigo entender a razão. Você deveria estar curado, de acordo com as regras do jogo, mas se julga que não está curado, tenho que acreditar". Ele voltou à questão: "Por que não estou curado, tendo a visão da estrutura da minha neurose?" Respondi-lhe: "Não posso criticar a sua tese. A coisa toda está maravilhosamente bem demonstrada. Mas resta apenas a questão, e talvez bem tola: você não menciona de onde veio nem quem são os seus pais. O seu último inverno foi passado na Riviera e o verão em St. Moritz. Você tomou bastante cuidado na escolha de seus pais?" – "Nenhum, em absoluto". – "Você tem alguma fonte de renda excelente que lhe dê um ótimo dinheiro?" – "Não, não tenho jeito para fazer fortuna". – "Então foi contemplado com a herança de um tio rico?" – "Não". – "Bem, e de onde vem o seu dinheiro?" – "Bom, eu tenho um modo de me arranjar. Tenho uma pessoa que me dá o dinheiro". – "Deve ser um amigo maravilhoso". E ele replicou: "É uma mulher". Ela era mais velha que ele, tinha trinta e seis anos, uma professora primária, com um salário pequeno que, como velha solteirona, se apaixonou pelo rapaz de vinte e oito. Passava necessidades a fim de que ele pudesse passar o verão em St. Moritz e o inverno na Riviera. O que eu lhe disse foi o seguinte: "E você vem me perguntar por que está doente...!" E sua resposta foi essa: "Ora, o senhor tem uma posição moralista; isto não é nada científico". Respondi-lhe: "O dinheiro que está em seu bolso é o dinheiro da mulher que você está tapeando". Ele reagiu: "Não. Não concordamos sobre isso. Conversei com ela seriamente, e nunca houve uma discussão por eu receber dinheiro dela". Respondi: "Você está fingindo para si mesmo que esse dinheiro não é dela, mas vive com esse dinheiro, o que é imoral, e essa é a causa de sua neurose de compulsão. Trata-se de uma reação compensatória e de uma punição a uma atitude imoral". Um ponto de vista totalmente anticientífico, é evidente, mas estou convencido de que ele merece a sua neurose compulsiva e será a sua companheira até o último dia de sua vida, se ele continuar a comportar-se como um porco.

Dr. T.A. Ross:

283   Mas isso não apareceu na análise?

C.G. Jung:

284   Ele se afastou como um deus a pensar: "Dr. Jung não passa de um moralista, jamais foi um cientista. Qualquer pessoa ficaria atraída por um caso tão interessante ao invés de ficar procurando coisinhas". O homem comete um crime, rouba todas as economias de toda uma vida de uma mulher honesta só para poder divertir--se. O lugar desse fulano seria a cadeia, e a sua neurose compulsiva providencia-lhe isso.

Dr. P.W.L. Camps:

285   Sou apenas um clínico geral e poderia ser rotulado como um bairrozinho de subúrbio nos domínios da psicologia. Aqui sou quase um penetra. Na primeira noite pensei que não tinha o direito de estar com os senhores. Na segunda, voltei outra vez. Na terceira sentia-me felicíssimo e na quarta fui tomado de encanto pela mitologia.

286   Gostaria de fazer uma pergunta sobre a noite passada. Fomos para casa com a ideia de que a perfeição é altamente indesejável e a plenitude seria o fim e objetivo da existência. Dormi profundamente na noite anterior, mas senti que tivera um choque de origem ética. Talvez não seja muito dotado intelectualmente, constituindo isso também um choque intelectual. O Prof. Jung declara-se fatalista ou determinista. Depois de ter analisado um jovem que saiu desapontado de seu consultório e ter-se dado mal, o professor achou que estava muito certo que assim acontecesse. Os senhores, como psicólogos, segundo entendo, destinam-se a curar pessoas e têm um propósito na vida, que não é o de meramente divertir-se ou de satisfazer a sua curiosidade própria, seja ela por mitologia ou pelo estudo da natureza humana. Os senhores lutam por atingir a profundidade da natureza e construir um mundo melhor.

287   Ouvi com o maior interesse os termos simples do Prof. Jung. Confundo-me muito com toda essa nova terminologia. Ouvir sobre a nossa sensação, sentimento, intuição e pensamento – a que

um X poderia ser adicionado substituindo outra coisa – foi extremamente esclarecedor para mim, que sou um indivíduo comum.

Mas sinto que não ficamos sabendo onde o consciente, ou melhor, o inconsciente de uma criança se desenvolve. Creio que não ouvimos falar sobre a criança de maneira suficiente. Gostaria de perguntar ao professor onde o inconsciente de uma criança começa a passar para a consciência. **288**

E também se às vezes não somos confundidos por essa multidão de diagramas, de barreiras, de eus e de ids e tudo o mais de que tenho ouvido falar. Não poderíamos melhorar esses diagramas através de uma graduação de estágios? **289**

Como foi apontado, herdamos o rosto, os olhos, as orelhas e há uma multidão de rostos em psicologia a que corresponde também uma multidão de tipos. Não haveria sentido em imaginar que exista uma enorme margem de variedades inseridas nessa herança, uma espécie de malha, que receberia as impressões, selecionando-as no inconsciente nos primeiros anos de vida, vindo a atingir mais tarde o nível da consciência? Gostaria ainda de perguntar ao professor se esses pensamentos já passaram pela mente de um grande psicólogo como ele é, a meu ver o maior de todos? **290**

C.G. Jung:

Depois dessa severa reprovação por imoralidade, devo uma explicação sobre as minhas observações cínicas de ontem. Não sou um tipo tão mau assim. Evidentemente tento fazer o máximo por meus pacientes, mas em psicologia é muito importante que o médico não tente curar a qualquer custo. Deve-se ser excepcionalmente cuidadoso para não impor a própria vontade ao paciente; temos de dar-lhe uma certa liberdade. Não se pode desviar as pessoas de seu próprio destino. Da mesma forma que, em medicina, não se pode salvar um paciente quando a sua natureza lhe mostra que a morte já está selada. Às vezes trata-se exatamente de saber se temos permissão de salvar um homem do destino que ele deveria enfrentar a bem de um desenvolvimento posterior. Não se pode impedir as pessoas de cometerem as mais terríveis asneiras, porque isto se encontra dentro do esquema delas. Se eu impedir isto, não terei mé- **291** rito algum. Apenas teremos merecimentos e desenvolvimento psicológico assumindo a nós próprios como somos e sendo suficientemente sérios para vivermos a vida que nos foi confiada. Nossos pecados, erros e enganos nos são necessários, caso contrário estaríamos privados dos incentivos mais preciosos ao desenvolvimento. Quando um homem se afasta, depois de ter ouvido alguma coisa que poderia ter mudado o seu pensamento, sem prestar atenção alguma a essas verdades, nunca o chamo de volta. Podem acusar-me de não agir de maneira cristã, mas não dou importância. Coloco-me mais ao lado da natureza. O velho livro chinês da Sabedoria diz: "O mestre diz apenas *uma vez*"[61]. E não corre atrás dos outros, porque não adianta. Aqueles que têm a verdadeira capacidade de ouvir compreendem, e os que não a têm não ouvirão.

292   Pensei que as pessoas que aqui se encontram pertencessem à classe dos psicoterapeutas. Se soubesse que havia médicos presentes minha expressão teria sido mais civil. Mas os psicoterapeutas compreenderão. Freud – para citar o mestre em suas próprias palavras – diz que não é bom tentar curar a qualquer custo. Ele sempre me dizia isto, e estava certo.

293   As verdades psicológicas têm sempre duas faces e o que estou dizendo pode ser usado de forma a produzir o maior dos males, a maior devastação e insensatez. Nenhuma das coisas que já afirmei deixou de ser torcida para o seu oposto. Assim não costumo insistir em afirmações. Os senhores podem aceitá-las, mas se não o fizerem, paciência. Talvez no final, os senhores me estejam culpando por isso, mas creio que em todo mundo existe uma vontade de viver que ajuda a encontrar a coisa mais acertada. Quando trato de um homem devo tomar o maior cuidado para não nocauteá-lo com minhas opiniões nem com a minha personalidade, pois o que ele tem que fazer é travar a sua luta solitária através da vida e ter a capacidade de confiar na sua armadura e talvez em seus objetivos imperfeitos. Quando digo: "Isto não está bom, deveria estar melhor", acabo por roubar-lhe a coragem. Seu campo deve ser trabalhado com um arado que não está bom. O meu poderia ser melhor, mas

---

61. Cf. *I Ching*, hexagrama 4.

de que lhe adiantaria isto? Ele não tem o meu arado, e eu o tenho e não posso emprestá-lo. Deverá usar as suas ferramentas, possivelmente deficientes, e com elas trabalhar suas capacidades herdadas, quaisquer que sejam elas. É evidente que o ajudo. Posso dizer-lhe, por exemplo: "Seu pensamento é muito bom, mas há outros campos em que você poderia melhorar". Se não quiser ouvir-me não será aconselhável insistir, porque não quero desviá-lo.

Dr. Marion Mackenzie:

Da mesma forma que o jovem rico não foi chamado novamen-   294
te e afastou-se cheio de tristeza?[62]

C.G. Jung:

Sim, é exatamente a mesma técnica. Se eu dissesse a alguém: 295
"Você não deve ir embora", ele jamais voltaria. O que devo dizer é: "Escolha o seu próprio caminho". Aí conquistarei a sua confiança.

Quanto à pergunta sobre as crianças, tem havido nas últimas   296
décadas uma tal polêmica sobre elas que normalmente coço a cabeça durante as palestras e fico pensando: "Será que todo mundo aqui é parteira ou babá?" O mundo não é principalmente formado por pais e avós? Os adultos é que têm os problemas. Deixem as pobres das crianças em paz. O que faço é puxar as orelhas da mãe, não da criança. São os pais que transmitem as neuroses aos filhos.

Certamente é interessante fazer pesquisas sobre o desenvolvimento   297
da consciência. O seu começo é uma condição fluida e não é possível dizer quando uma criança se tornou verdadeiramente consciente. Mas isto se insere num capítulo totalmente diferente: a psicologia das idades. Há uma psicologia da criança, que aparentemente consiste na psicologia dos respectivos pais: a psicologia da infância até à puberdade; a psicologia da puberdade, do jovem, do adulto de trinta e cinco anos; do homem na segunda metade da vida; do homem que atingiu a velhice. Esta é uma ciên-

---

62. Cf. Mt 19,16-22.

cia em separado e seria impossível abordar aqui tudo isso. Como os senhores sabem, tive muitas dificuldades relativas a tempo para ilustrar um único sonho. A ciência é vasta. É como se a gente esperasse que o físico, ao falar sobre o problema da luz, elucidasse ao mesmo tempo o problema de toda a física mecânica, o que seria simplesmente impossível. A psicologia não é um curso introdutório para babás. É uma ciência muito séria e, consistindo em um acúmulo de conhecimentos, não se pode esperar de mim em demasia. Estou tentando nivelar o melhor possível para dar o esboço dos sonhos e apresentar-lhes ideias a esse respeito, e naturalmente não posso satisfazer a todas as expectativas.

298   Quanto ao problema da perfeição – lutar por ela é um ideal elevado. "Leve a termo aquilo que está dentro de suas capacidades ao invés de correr atrás daquilo que jamais será alcançado." Ninguém é perfeito. Lembre-se da frase: "Ninguém é bom, a não ser Deus"[63]. E ninguém poderá sê-lo. É uma ilusão. Podemos modestamente lutar para nos contemplarmos, para sermos seres humanos tão plenos quanto possível. O que já nos trará trabalho suficiente.

Dr. Eric B. Strauss:

299   Pretende o Prof. Jung publicar as razões que o levaram a identificar certos símbolos arquetípicos com os processos fisiológicos?

C.G. Jung:

300   O caso ao qual o senhor se refere foi a mim submetido pelo Dr. Davie, que o publicou sem o meu conhecimento[64]. Não desejo dizer mais nada sobre essa correlação, pois ainda não me sinto suficientemente seguro nesse terreno. Questões sobre diagnose diferencial entre doenças orgânicas e símbolos psicológicos são muito difíceis, e prefiro não dizer nada quanto a isso no momento.

---

63. Lc 18,19.

64. Cf. § 135[26] deste volume.

Dr. Strauss:

Mas o seu diagnóstico partiu dos conteúdos do sonho?   301

C.G. Jung:

Sim, porque o problema orgânico perturbou a função mental.   302
Houve uma depressão muito séria e presumivelmente uma perturbação profunda do sistema simpático.

Dr. H. Crichton-Miller:

Amanhã teremos o último seminário e há um ponto que nos   303
interessa e que ainda não foi abordado. É o difícil problema da
transferência. Será que o Prof. Jung crê ser mais apropriado dar-
-nos amanhã o seu ponto de vista (sem necessariamente referir-se
a outras escolas) sobre a transferência e a maneira adequada de
tratá-la?

Quinta conferência

O Presidente, Dr. J.R. Rees:

Senhoras e senhores, creio que todos notamos que as obser-   304
vações do presidente a cada noite têm-se tornado mais curtas. Na
noite de ontem o Prof. Jung se deteve no meio de uma história e
creio que todos nós desejamos que ele retorne a ela e continue o
mais depressa possível.

C.G. Jung:

Todos se lembram que comecei a dar o material desse sonho.   305
Bem, eu continuo exatamente no meio dele, e ainda há muito mais
para ver. Mas no fim da conferência de ontem o Dr. Crichton-
-Miller pediu-me que falasse sobre o problema da transferência,
o que me pareceu um assunto de interesse prático para os senhores. Quando analiso cuidadosamente um sonho desse tipo, e lhe
dedico muito tempo de trabalho, normalmente meus colegas se

perguntam por que estou amontoando porção tão grande de material pesquisado. Dizem: "Bem, está certo, isto mostra seu zelo e boa vontade em extrair alguma coisa de um sonho. Mas qual o uso prático desses paralelos?"

306   Não me aborreço em absoluto com tais dúvidas. Mas eu já estava exatamente começando a tocar no ponto central do problema e o Dr. Miller me pegou no meio do voo e fez a pergunta que qualquer médico prático faria. São os médicos que sempre se preocupam com coisas práticas e não com questões teóricas. Consequentemente se impacientam quando surgem explicações teóricas. Eles ficam particularmente perturbados pelos problemas meio cômicos, dolorosos e até mesmo trágicos da transferência. Se os senhores tivessem tido um pouco mais de paciência teriam visto que eu tratava um material através do qual a transferência pode ser analisada. Mas desde que a questão foi levantada, creio que devo satisfazer o que me pedem e falar sobre a psicologia e tratamento da transferência. Mas a escolha cabe aos senhores. Creio que o Dr. Crichton-Miller representa a mentalidade da maioria dos presentes. Estou certo em pensar dessa maneira?

Participantes:

307   Sim.

C.G. Jung:

308   Acho acertada a decisão dos senhores, pois ao falar sobre o que me pedem terei oportunidade de voltar ao que originalmente intencionava ser a análise daquele sonho. Talvez não tenhamos tempo para terminá-la, mas também é muito melhor que nos baseemos nos problemas e dificuldades reais.

309   Nunca me teria aprofundado nesse simbolismo elaborado e no estudo cuidadoso dos paralelos se não houvesse uma terrível preocupação com o problema da transferência. Assim, discutindo o problema, uma avenida se abrirá para o tipo de trabalho que estava tentando descrever-lhes na noite passada. Já de início avisei que essas conferências seriam um pobre torso. Mesmo que as coisas fossem comprimidas ao máximo, o tempo seria extremamente

curto para oferecer-lhes um sumário completo de tudo o que eu desejaria dizer.

Ao falarmos de transferência é necessário de início definir o 310 conceito a fim de que realmente se entenda sobre o que se está falando. Todos sabemos que tal palavra, originalmente cunhada por Freud, tornou-se uma espécie de termo coloquial, chegando mesmo a atingir o grande público. Normalmente se tenta com ela designar uma afeição desajeitada, uma espécie de relacionamento colante, pegajoso.

O termo é a tradução do alemão *übertragung*, o que signifi- 311 ca, literalmente, carregar alguma coisa de um lugar para outro. Também significa, metaforicamente, carregar de uma forma para outra. Consequentemente é a forma sinônima de *übersetzung*, isto é, tradução.

O processo psicológico da transferência é uma forma espe- 312 cífica do desenvolvimento mais generalizado da projeção. É importante que se tenham juntos esses dois conceitos e que se saiba que a transferência é um caso especial de projeção ou pelo menos é assim que o entendo. Evidentemente cada um de nós está livre para usar o termo da maneira que julgar mais adequada.

A projeção é um mecanismo psicológico geral que carrega 313 conteúdos subjetivos de toda espécie sobre o objeto. Por exemplo, quando se diz: "A cor desta sala é amarela", trata-se de projeção, porque no próprio objeto não há amarelo; há apenas em nós. Como se sabe a cor é uma experiência subjetiva. O mesmo acontece quando se ouve um som, que é uma projeção, pois o som não existe por si próprio. É o som em minha cabeça, o problema psíquico que eu projetei.

A transferência é usualmente um processo que se dá entre duas 314 pessoas e não entre o sujeito humano e um objeto físico, embora haja exceções, onde seus mecanismos mais gerais podem estender-se a objetos físicos. A projeção – onde quer que os conteúdos subjetivos sejam transportados para o objeto, surgindo como se a ele pertencessem – nunca é um ato voluntário. E a transferência como um tipo de projeção não pode fugir a essa regra. Ninguém pode fazer projeções intencionais e conscientes, pois aí a pessoa saberia que estava projetando os seus conteúdos subjetivos, e por conseguinte não poderia localizá-los no objeto, pois saberia que eles são próprios da pessoa e não do objeto. Na projeção o fato aparente ao qual você está confrontado no objeto na realidade é uma ilusão; mas presumimos que aquilo que observamos no objeto não é subjetivo, mas inerente ao objeto. Eis por que essa ilusão é abolida quando se descobre que os fatos aparentemente objetivos são realmente conteúdos subjetivos. A partir de então tais elementos tornam-se associados com a própria psicologia do indivíduo, não se podendo mais atribuí-los ao objeto.

315   Há vezes em que se parece estar completamente consciente das próprias projeções, embora, na realidade, não se conheça a sua verdadeira extensão. Esta porção desconhecida permanece inconsciente e ainda aparece como se fosse própria do objeto. Isto acontece frequentemente na análise prática. Dizemos, por exemplo: "Olha, você simplesmente projeta a imagem de seu pai naquele homem, ou em mim", e o que o analista pensa é que isto seja uma explicação perfeitamente satisfatória e suficiente para resolver o problema. E talvez satisfatória para o analista, mas não para o paciente, pois se há qualquer coisa a mais nesse relacionamento, o paciente continuará mantendo a projeção, o que não depende de sua vontade; é simplesmente um fenômeno psíquico que se produz, é uma coisa automática, espontânea. O fato simplesmente acontece, ninguém sabe como. A coisa está lá e acabou. E tal regra, válida para a projeção encarada de um modo global, também é válida para a transferência, que é uma coisa que simplesmente acontece. Se ela realmente existe, já se encontra lá *a priori*. A projeção é sempre um mecanismo inconsciente, e por isso a consciência ou a realização consciente a destroem.

316   Como já vimos, via de regra, ela se dá entre dois indivíduos, e é de natureza emocional e compulsória. A emoção é sempre, em algum grau, avassaladora para o sujeito, porque é uma condição involuntária, que desvia as intenções do eu. Além de tudo, ela adere ao sujeito, que não consegue desvencilhar-se. Entretanto tal condição involuntária é ao mesmo tempo projetada no objeto e através dela um laço é estabelecido que não pode ser desfeito, exercendo sua influência compulsória sobre a pessoa (o sujeito).

As emoções não são manejáveis, como as ideias ou os pensa- 317 mentos, pois são idênticas a certas condições físicas, e, portanto, profundamente enraizadas na matéria do corpo. Por conseguinte, a emoção dos conteúdos projetados sempre forma uma ligação, uma espécie de relacionamento dinâmico entre o sujeito e o objeto, que é a transferência. Naturalmente, como todos sabemos, tal laço emocional, tal ponte ou corda elástica, pode ser negativa ou positiva.

A projeção de conteúdos emocionais sempre tem uma influên- 318 cia particular. As emoções são contagiosas, estando profundamente enraizadas no sistema simpático, que tem o mesmo sentido que a palavra *sympathicus*. Qualquer processo de tipo emocional imediatamente origina processos semelhantes nas outras pessoas. Quando se está numa multidão, levada por determinada emoção, é impossível evitar ser atingido pelo mesmo fenômeno. Suponhamos estar num país em que se fala uma linguagem que não conhecemos, e que alguém conte uma piada e todo mundo ri. O que acontece é que acabamos rindo de maneira idiota, simplesmente porque é impossível controlar o riso. Da mesma forma, quando se está numa multidão excitada por razões políticas, não se consegue evitar participar nessa exaltação, mesmo quando não participamos absolutamente da opinião geral, porque as emoções têm esse caráter de sugestão. Os psicólogos franceses trataram dessa *contagiou mentale*; há livros excelentes sobre o assunto, especialmente *Psicologia das massas*, da autoria de Le Bon.

Em psicoterapia, mesmo quando o médico está inteiramente 319 desligado dos conteúdos emocionais do paciente, o simples fato de esse paciente ter emoções já exerce seu efeito sobre o analista. É um grande engano o médico julgar que está isento disso. O máximo que pode acontecer é ele ter consciência do fato de estar afetado, e se isso não acontecer ele estará tão indefeso que começará a ser levado por esse fator. É mesmo seu dever aceitar as emoções do paciente e servir de espelho para elas. Aí está a razão de eu rejeitar a ideia de colocar o paciente num sofá e sentar-me atrás dele. Meus pacientes sentam-se à minha frente e converso com eles como um ser humano conversa com outro, de maneira natural; exponho-me totalmente e reajo sem restrições.

320   Lembro-me muito bem do caso de uma senhora americana, de cinquenta e oito anos, também médica. Chegou a Zurique num estado de grande confusão. Estava tão atrapalhada que no início julguei que ela fosse meio louca, até que descobri que estivera sob análise. Contou-me algumas coisas que tinha feito nesse estado de desnorteamento, e é óbvio que tais fatos jamais teriam ocorrido se o seu analista tivesse agido como ser humano, e não como um místico ausente, sentado atrás dela, e de vez em quando dizendo uma palavra sábia de lá das alturas, sem jamais demonstrar uma emoção. Assim, esta senhora ficou totalmente perdida em suas próprias neblinas, fez coisas totalmente sem sentido, que poderiam perfeitamente ter sido evitadas, se o analista se tivesse comportado de maneira mais humana. Quando ouvi toda esta história tive naturalmente uma reação emocional e devo ter dito algum palavrão. Então a paciente deu um salto na cadeira e disse-me reprovadoramente: "Mas o senhor está se emocionando". Eu disse: "Lógico que sim". Ela objetou: "Mas o senhor é um analista". Então lhe respondi: "Sim, eu sou um analista e tenho emoções. Ou a senhora pensa que eu sou um idiota ou um cataléptico?" – "Mas os analistas não têm emoções". Respondi-lhe: "Bem, seu analista aparentemente não tinha emoções. E se a senhora me permite dizer, ele não passava de um idiota". Nesse momento tudo se abriu diante de seus olhos e ela portou-se de maneira totalmente diversa daí para frente. Então ela me disse: "Graças a Deus, agora sei quem sou. Sei que há uma pessoa à minha frente que tem reações humanas". E foi a minha reação emocional que lhe deu orientação, pois essa senhora não era do tipo lógico, mas do tipo sentimental e tinha necessidade de tal orientação. Mas seu analista era um homem que simplesmente pensava e existia intelectualmente, não tendo ligação com a vida sentimental da paciente, que era uma pessoa altamente sanguínea e emocional, que precisava de emotividade e de gestos, de sentimentos para não se sentir desprotegida e só. Quando temos que tratar de uma pessoa de tipo sentimental, se lhe falássemos de coisas exclusivamente intelectuais, dar-se-ia o mesmo que se colocássemos um intelectual entre pessoas que reagissem apenas através do sentimento. Esta pessoa também estaria totalmente perdida. Sentir-se-ia como se estivesse no Polo Norte,

pois jamais poderia ser compreendida. Ninguém reagiria a suas ideias. As pessoas em seu redor seriam extremamente gentis – e o intelectual sentir-se-ia um idiota, por não encontrar reação semelhante à sua maneira de pensar.

Devemos sempre responder às pessoas através de sua função 321 principal, pois caso contrário não se estabelecerá contato. Assim, a fim de mostrar a meus pacientes que suas reações chegaram a meu sistema, sento-me diante deles, para que possam ler as reações no meu rosto e ver que estou ouvindo. Se eu sentar-me atrás, lá posso bocejar, dormir, voar em meus próprios pensamentos, fazer o que me der na telha. Eles jamais saberão o que se passa comigo e permanecerão numa condição autoerótica e isolada, o que não é bom para as pessoas comuns. Evidentemente se eles estivessem se preparando para uma existência de ermitões no alto do Himalaia, a coisa seria bem diferente.

As emoções dos pacientes são sempre ligeiramente contagio- 322 sas, e isto se acentua cada vez mais quando os conteúdos que o paciente projeta são idênticos aos elementos do inconsciente do próprio terapeuta. Aí, ambos despencam na mesma caverna da inconsciência e entram num estado de participação. É o fenômeno que Freud denominou contratransferência. Consiste numa projeção mútua e no fato de se sentirem ambos amarrados na mesma inconsciência. A participação, como já lhes disse, é uma característica da psicologia primitiva, ou seja, do plano psicológico onde não há discriminação consciente entre sujeito e objeto. É evidente que tal estado é o fator mais confuso para analista e paciente; perde-se toda a orientação, e o fim de uma análise dessas é um desastre.

Mesmo os analistas não são absolutamente perfeitos, e pode 323 acontecer que sejam inconscientes a respeito de certos fatores. Eis por que, há algum tempo, determinei que os próprios terapeutas deveriam ser analisados. Deveriam ter uma espécie de diretor espiritual. O Papa, em toda sua infalibilidade, tem que se confessar regularmente, não a um monsenhor ou a um cardeal, mas a um padre comum. Se o analista não se mantiver objetivamente em contato com o seu inconsciente, não haverá a garantia de que o paciente não venha a cair no inconsciente do analista. Provavelmente os senhores conhecem certos pacientes que têm uma capacidade diabólica em descobrir o ponto fraco, o lugar vulnerável da psique do analista. A essa falha eles tentam ligar todas as projeções de seu inconsciente. Normalmente se diz que essa é uma característica das mulheres, o que não é verdade; os homens também fazem o mesmo. Eles sempre encontram esse ponto vulnerável e o analista pode ter certeza de que, quando alguma coisa o afeta, também será naquele mesmo ponto onde se encontra a sua fraqueza; trata-se do plano em que o terapeuta está inconsciente, onde é possível que venha a fazer as mesmas projeções que o paciente. Aí se desencadeia a condição de participação, ou, falando de maneira mais exata, uma condição de contaminação pessoal através da inconsciência mútua.

324   Todo mundo tem muitas ideias a respeito da transferência e todos sofremos de certa forma o preconceito da definição que Freud lhe deu. Estamos sempre inclinados a pensar que se trata invariavelmente de uma transferência erótica, mas minha experiência não confirmou que se trate sempre desse plano, ou de projeção de conteúdos infantis. Pelo que vi, qualquer coisa é possível de ser projetada, e a transferência erótica é apenas uma das muitas possibilidades. Há muitos elementos no inconsciente humano, também dotados de uma carga altamente emocional, que podem projetar-se, tanto quanto a sexualidade. Todo conteúdo ativado no inconsciente tem a tendência de aparecer em projeção. É regra que tal elemento que esteja constelado apareça pela primeira vez sob essa forma. Qualquer arquétipo ativado pode aparecer projetado, quer em situações externas, em pessoas, ou em circunstâncias – resumindo: em todo tipo de objeto. Há mesmo transferência com relação a animais e coisas.

325   Há não muito tempo atrás, tratei o caso de um homem extremamente inteligente; sua inteligência era mesmo fora do comum. Expliquei-lhe então a projeção que "fizera". Ele projetara sua imagem inconsciente da mulher numa mulher determinada e os sonhos mostravam com grande clareza onde a pessoa real divergia do que ele idealizara. O homem foi para casa e pensou. Certo dia ele me disse: "Se eu soubesse disso há alguns anos atrás teria economizado 40.000 francos". Perguntei-lhe: "Como assim?" "Bem, alguém mostrou-me uma escultura egípcia antiga e, imediatamen-

te, apaixonei-me por ela. Era um gato egípcio, uma coisa extremamente bela". E ele a comprou por aquela soma alta e a colocou sobre um móvel da sala de visitas. Mas então descobriu que perdera a paz interior. Seu escritório ficava no andar de baixo e a cada hora ele tinha que abandonar o trabalho para ver o gato, e quando havia satisfeito o seu desejo voltava ao trabalho, para ter que se levantar novamente dali a pouco. Essa intranquilidade tornou-se tão desagradável que o homem decidiu colocar o gato bem à sua frente, sobre a escrivaninha e chegou à conclusão de que não podia mais trabalhar. Teve de trancá-lo no *hall* para libertar-se de sua influência, mas precisava reprimir uma contínua tentação de abrir a caixa e ficar olhando o gato. Quando ele entendeu a projeção geral da imagem feminina que fizera – pois evidentemente o gato estava simbolizando a mulher – acabou-se todo o encanto e fascínio da estátua.

Esta foi uma projeção num objeto físico, transformando o gato num ser vivo, ao qual ele sempre tinha de retornar, como certas pessoas retornam ao analista. Como sabemos, o terapeuta é sempre acusado de ter olhos de cobra, de magnetizar ou hipnotizar as pessoas, forçando-as a voltar e não lhes dando liberdade. Há realmente certos casos excepcionalmente negativos de contra-transferência, nos quais o analista não consegue mesmo libertar o paciente, mas normalmente tais acusações se devem a um tipo muito desagradável de projeção, podendo até terminar em ideias de perseguição. 326

A intensidade do relacionamento de transferência é sempre equivalente à importância de seus conteúdos para o sujeito. Se houver um caso em que ela seja particularmente aguda, podemos ter certeza de que os elementos da projeção, uma vez extraídos e tornados conscientes, provarão ser tão importantes para o paciente quanto era a própria transferência. Quando ela entra em declínio, isso não quer dizer que simplesmente se tenha evaporado. Sua intensidade, ou uma soma correspondente de energia surgirá noutro lugar, como por exemplo noutro relacionamento ou em alguma outra forma psicológica importante. Sua intensidade é *também* uma emoção intensa, que na verdade corresponde a um bem da vida do paciente. Se ela se dissolve, toda aquela energia projetada 327 recai sobre o sujeito, que então fica de posse de um tesouro que antes, durante a transferência, estava sendo desperdiçado.

328   Agora devemos dizer algumas palavras sobre a *etiologia* da transferência. A transferência pode ser uma reação inteiramente espontânea e não provocada, como um "amor à primeira vista". Logicamente não deve ser confundida com amor, pois não tem nada a ver com isso. Nela apenas se faz mau uso do amor. Pode parecer-se com esse sentimento, e analistas inexperientes podem cair no erro confundindo-a com o amor, e o paciente cometer o mesmo erro, dizendo que se apaixonou pelo terapeuta. Aí não há realmente amor.

329   Ocasionalmente uma transferência pode brotar mesmo *antes* do primeiro encontro. Quer dizer, antes ou fora do tratamento. E se isso acontece com uma pessoa que depois não vai procurar o analista, as razões não serão descobertas. O que vem provar, mais uma vez, que essa projeção não tem nada a ver com a personalidade real do terapeuta.

330   Certa vez uma senhora veio procurar-me, sendo que nos havíamos encontrado algumas semanas antes numa recepção social. Nessa ocasião nem havíamos conversado; eu apenas falara com o seu marido, o qual conhecia superficialmente. Recebi uma carta em que ela pedia uma consulta. Quando chegou à porta do consultório, disse-me: "Eu não quero entrar". Eu lhe disse: "A senhora não precisa entrar; pode ir embora, é claro! Não tenho absolutamente interesse em tê-la aqui, se isso for contra a sua vontade". E ela retrucou: "Mas eu preciso". Respondi: "Não a estou forçando". "Mas o senhor forçou-me a vir". "Mas como fiz isso?" Pensei que ela estivesse louca, mas não era nada disso; tratava-se de uma transferência que a impelia em minha direção. Ela já fizera algum tipo de projeção, carregada de valor emocional tão alto que se tornava simplesmente irresistível. Era magicamente arrastada em minha direção, pois o "cordão elástico" era forte demais. Durante o curso da análise acabamos naturalmente por descobrir quais eram os conteúdos dessa transferência não provocada.

331   Via de regra, tal tipo de relação se estabelece somente durante a análise. E muito frequentemente é causada por uma dificuldade de fazer contato, de estabelecer harmonia emocional entre o terapeuta

e o paciente. É o que os psicólogos franceses, no tempo da terapia hipnótica e da sugestão, chamavam de le rapport. Um bom rapport denota que o terapeuta e o paciente estão conduzindo a análise de maneira satisfatória, que conseguem conversar e que existe uma grande dose de confiança mútua. Logicamente, no tempo dos terapeutas hipnóticos, todo o efeito de sugestão e da hipnose dependia da existência ou não do rapport. No tratamento analítico, se a ligação entre o paciente e o terapeuta se torna difícil devido à diferença de personalidade, ou se há outras distâncias psicológicas entre eles que atrasem o efeito terapêutico, por tal ausência de contato o inconsciente do paciente tentará cobrir a distância, construindo uma ponte compensatória. Já que não existem pontos comuns, nem possibilidade de formar nenhum tipo de relacionamento, um sentimento apaixonado ou fantasia erótica tenta preencher o vazio.

Dá-se isso frequentemente com pessoas que resistem a outros seres humanos – quer por causa de um complexo de inferioridade ou então por megalomania, ou mesmo outras razões – e que estão psicologicamente muito isolados. Então, sem o medo de se perderem, a natureza provoca um violento esforço das emoções para prendê-las ao analista. Têm a preocupação de que também o analista não as compreenderá. Tentam então adequar as circunstâncias, ou o analista ou a própria falta de vontade, por uma espécie de atração sexual. 332

Tais fenômenos compensatórios podem também recair sobre o analista. Suponhamos que esteja sob nosso tratamento uma mulher que não nos interesse de maneira particular e de repente descobrimos uma fantasia sexual em relação a ela. Não que eu aconselhe tal tipo de fantasia, mas se ela existe, o melhor é tomar consciência porque significa uma informação importante do inconsciente, mostrando que o contato com o paciente não está bom e que existe uma perturbação de relacionamento. Consequentemente, o inconsciente do terapeuta toma providências em relação à falta de relacionamento humano adequado forçando sobre ele uma fantasia que quer vencer a distância e construir a ponte. Tais fantasias podem ser visuais, podem apresentar-se sob a forma de um certo sentimento ou sensação – sensação sexual, por exemplo. São invariavelmente um sinal de que a atitude 333 do terapeuta é errônea, supervalorizando ou subvalorizando o analisando ou não lhe dedicando a devida atenção. Tal correção de atitude também pode ser expressa através de sonhos. Assim, se algum dos senhores sonhar com um paciente, preste bastante atenção para ver se o sonho está mostrando onde existe algum erro. Os pacientes ficam tremendamente gratos quando se é honesto com relação a esse fato, e sentem muito quando não agimos corretamente ou quando somos negligentes.

334   Certa vez tive um caso muito instrutivo com essas características. Tratava-se de uma jovem de mais ou menos vinte ou vinte e quatro anos, que tivera uma infância bastante fora do comum. Viera de uma família inglesa de posição razoável, mas nascera em Java e tivera uma babá natural da Ilha[65]. Como acontece com crianças nascidas nas colônias, o ambiente exótico e, nesse caso, aquela estranha e bárbara civilização, penetrou-lhe na pele e toda a vida emocional e instintiva da criança ficou atingida por essa atmosfera particular. Atmosfera que o homem branco do Ocidente raramente imagina; é o clima psicológico do nativo em relação ao homem branco, um clima de pavor intenso – medo da crueldade, do desprezo e da força tremenda e incalculável do branco. Essa atmosfera infecciona as crianças nascidas no Oriente. O medo as penetra, enchendo-as de fantasias inconscientes sobre a crueldade do branco e sua psicologia se torce, e a vida sexual acaba por desenvolver-se de maneira errônea. São atacadas de incontáveis pesadelos e pânicos, não conseguindo adaptar-se a condições normais quando se deparam com o problema do casamento, e assim por diante.

335   Era o que estava acontecendo com essa garota. Ela estava se perdendo e se metia nas situações eróticas mais arriscadas, adquirindo uma péssima reputação. Adotava maneiras vulgares, pintando-se de maneira provocante e também usava enfeites a fim de

---

65. Este caso é discutido mais prolongadamente em "The Realities of Practical Psychotherapy", conferência pronunciada no segundo congresso de psicoterapia em Berna, 28 de maio de 1937. O texto está na edição inglesa da Obra Completa, 16, apêndice. Cf. tb. "O simbolismo dos mandalas". In: JUNG, C.G. *Os arquétipos e o inconsciente coletivo*. Petrópolis: Vozes, 2011 [OC, 9/1]. As figuras 7, 8 e 9 foram desenhadas pela paciente.

satisfazer a mulher primitiva no seu sangue, ou melhor, em sua pele, como recurso para que ela pudesse surgir e ajudá-la a viver. Porque essa menina naturalmente não poderia viver sem os seus instintos, tinha que fazer todas as coisas que fossem mais baixas. Por exemplo, ela muito facilmente se deixava levar pelo mau gosto, usava cores horrorosas, ditadas por um inconsciente primitivo, para ajudá-la quando desejasse atrair um homem. Evidentemente sua escolha masculina estava também abaixo da crítica. Como era de se esperar, ela acabou enamorando-se profundamente. O apelido dela era "a grande prostituta da Babilônia". O que seria evidentemente desastroso em extremo para uma garota que tivesse um procedimento mais reto. Quando me procurou, tinha exatamente a aparência de uma perdida, e isso era tão evidente que eu me sentia mal com relação às minhas empregadas quando ela ficava no consultório durante uma hora. "Olha aqui, você simplesmente não pode ter essa aparência de uma...", e eu disse uma palavra exageradamente drástica. Ela se entristeceu, mas não pôde evitar que as coisas continuassem no mesmo pé.

Tive então o seguinte sonho: *Encontrava-me numa autoestrada ao pé de uma grande colina, e sobre ela havia um castelo e no castelo uma torre alta. No topo dela havia uma sacada, um belo terraço aberto com pilares, uma balaustrada de mármore sobre a qual se sentava uma elegante figura de mulher. Olhei para cima e tive que inclinar tanto a cabeça que sentia o pescoço doendo muito tempo depois, verifiquei que a figura era a minha paciente.* Aí acordei e no mesmo instante me fiz a pergunta: "Céus, por que o meu inconsciente colocou essa garota tão alto?" E imediatamente um pensamento me atingiu: "Estive diminuindo essa moça o tempo todo". Eu realmente achava que ela era má. E o sonho mostrou-me que isso era um engano, fazendo-me descobrir que estava sendo um mau médico. Então, no dia seguinte, tive de dizer-lhe: "Tive um sonho em que eu tinha que olhar para cima, na direção em que você se encontrava; isso requeria de mim um esforço tão grande que dei um mau jeito no pescoço, e a razão desta compensação é o fato de eu tê-la desprezado". Minha gente, isso produziu um milagre! Não houve mais problema de transferência, pois consegui entrar em bom contato com ela, e ela comigo. 336

337   Poderia contar-lhes infindos casos desse tipo sobre sonhos que refletem a atitude do terapeuta. E quando realmente se tenta alcançar um bom nível em relação ao paciente, nem muito alto, nem muito baixo, quando se tem a atitude acertada, a apreciação devida, então existe muito menos problema com a transferência, o que não quer dizer que fique abolida. Mas também podemos estar certos de que não haverá aquelas formas ruins de transferência que não passam de compensações excessivas de uma falta de relacionamento.

338   Há outra razão para a compensação excessiva por parte de pacientes com atitudes profundamente autoeróticas; os que se fecham num isolamento autoerótico e se protegem com uma espessa armadura ou com uma parede ou fosso à sua volta. Mesmo assim têm necessidade desesperada de contato humano, e naturalmente começam a sentir-se loucos por uma pessoa fora dessas paredes, mas não podem fazer nada quanto a isso. Não conseguem mover um dedo e não deixam ninguém se aproximar, e através dessa atitude surge uma transferência enorme. E ela não pode ser abordada, pois o paciente encontra-se defendido de todos os lados. Pelo contrário, se tentarmos dizer qualquer coisa com relação à transferência eles sentem isso como uma espécie de agressão e se defendem ainda mais. O que podemos fazer é deixá-los arderem em seu próprio fogo, até que eles se satisfaçam e saiam voluntariamente da fortaleza. Evidentemente viverão reclamando sobre a sua falta de compreensão e assim por diante, mas a única coisa que se pode fazer é dizer: "Bem, você está aí dentro, não mostra nada e, desde que procede assim, também não posso fazer nada".

339   Em tal caso, a transferência pode chegar ao ponto de combustão, pois só uma chama muito forte pode forçar o indivíduo a abandonar o castelo. Evidentemente isso significa uma grande explosão, mas deve ser suportada pacificamente pelo terapeuta e o paciente mais tarde sentir-se-á agradecido de não ter sido levado totalmente a sério. Lembro-me do caso de uma colega, e posso com certeza contá-lo, pois a pessoa em questão já faleceu; tratava-se de uma senhora americana que me procurou em circunstâncias bastante complexas. A princípio, falava do alto de seu pedestal. Todos sabemos que há instituições *sui generis* na América do Norte, chamadas universidades femininas; na nossa linguagem técni-

ca nós as denominamos incubadoras de *animus*, que produzem anualmente um alto número de pessoas temíveis. Bom, ela era um pássaro dessa espécie. Era "muito competente" e enfiara-se numa desagradável situação de transferência. Era analista, e tratava de um homem casado que se apaixonou ferozmente por ela, pelo menos aparentemente. É lógico que não se tratava de amor, mas sim de transferência. Sua projeção era de que ela queria casar-se com ele, mas que não admitia estar apaixonada por ele, e então o rapaz desperdiçava um dinheirão em flores, chocolates e todo tipo de delicadezas, terminando por ameaçá-la com um revólver. A mulher abandonou a coisa nesse pé e veio procurar-me.

Logo descobri que ela não tinha ideia do que fosse a vida sentimental de uma mulher. Essa criatura estava muito bem como médica, mas tudo o que tocava a esfera masculina era-lhe totalmente estranho. Era inclusive estupidamente ignorante sobre a anatomia de um homem, porque na universidade onde estudara apenas se dissecavam cadáveres de mulheres. Daí os senhores podem imaginar com que situação eu me defrontava. 340

Naturalmente vi o que estava para vir e pude entender perfeitamente por que o homem caíra na armadilha. Ela era completamente inconsciente de si própria como mulher. Era uma mente masculina dotada de asas, e todo o corpo de mulher não existia, e seu paciente foi forçado pela natureza a preencher a falha. Tinha de provar-lhe que um homem existe e que tem os seus desejos, que ela era uma mulher e deveria responder a ele. Foi uma inexistência como mulher que veio armar esta situação. Ele também era igualmente inconsciente, por não enxergar esse fato. Os senhores veem que ele também pertencia à mesma espécie de pássaros, formados apenas de cabeça, suportada por asas. Também não era homem. Com relação aos americanos, sempre descobrimos que são tremendamente inconscientes acerca de si próprios. Às vezes surge-lhes de repente essa consciência, e então temos os casos interessantes de garotas de família se envolvendo com chineses ou negros, pois para os americanos essa camada primitiva, que para nós é um pouco difícil de entender, é desagradável por ser muito mais reprimida. É o mesmo fenômeno conhecido como "virar negro" ou "virar selvagem" na África. 341

342   Os dois encontravam-se então nessa situação. Dir-se-ia que estavam completamente loucos. E a mulher teve que fugir. É óbvio que o tratamento estava perfeitamente claro. Alguém devia torná-la consciente de sua feminilidade, e nenhuma mulher consegue isso a não ser que aceite os seus sentimentos como um fato. Então seu inconsciente providenciou uma maravilhosa transferência para mim, a qual naturalmente não foi aceita pela paciente, e não a forcei a ver isso. Tratava-se exatamente de um caso de insulação completa, e confrontá-la com o problema da transferência ocasionaria uma posição de defesa mais fechada, que faria malograr o propósito central do tratamento. Assim jamais toquei no assunto. Apenas deixei que as coisas seguissem seu rumo enquanto tranquilamente trabalhava com os sonhos, os quais, como sempre acontece, informavam-me seguramente sobre o progresso da transferência. Eu via o clímax aproximar-se e sabia que um dia uma explosão repentina poderia acontecer. Evidentemente seria um pouco desagradável e de natureza bastante emocional, como todos os senhores já devem ter notado em suas próprias experiências. Já se fazia previsível uma situação altamente sentimental. Bem, a gente tem simplesmente que contar com essas coisas; não se pode evitá-las. Depois de seis meses de trabalho calmo e aborrecidamente sistemático, a paciente não pôde mais conter-se e de repente quase gritou: "Mas eu te amo!" E aí se descontrolou, caiu de joelhos, numa terrível confusão.

343   O que temos de fazer é suportar um momento como esse. É muito difícil ter trinta e quatro anos e subitamente descobrir que se é humano. A coisa chega até à gente numa dose muito grande, difícil de digerir. Se seis meses antes eu lhe tivesse dito que chegaria o momento em que ela me faria declarações de amor, ela subiria nas paredes. Estava em condição de insulamento autoerótico e a chama ascendente, o fogo de suas emoções acabara finalmente por queimar a casa, o que aconteceu naturalmente como uma erupção orgânica. Para ela esse acontecimento foi um passo muito grande e até mesmo o problema da situação na América foi resolvido.

344   Aos senhores talvez pareça que nisso tudo há muito sangue-frio. Na verdade, apenas poderemos defrontar-nos com uma tal situação se não nos portarmos de maneira superior, mas sim acompanhando o processo, descendo um pouco o nível de nossa consciência e sentindo a situação para não diferirmos demais do paciente, pois, caso contrário, este se sentirá por demais desastrado

e mais tarde apresentará os mais sérios dos ressentimentos. Eis por que é muito bom termos uma reserva considerável de sentimentos dos quais possamos dispor quando se fizer necessário. É claro que precisamos de certa experiência e rotina para atingirmos a nota certa. Isto nunca é fácil, mas devemos ultrapassar tais momentos dolorosos para não piorarmos a situação do paciente.

Já mencionei uma razão mais longínqua da transferência, a in-   345
consciência mútua ou contaminação. O caso que acabo de narrar pode exemplificá-la. Via de regra, esse fenômeno se dá quando o analista tem uma falta de adaptação semelhante à de seu paciente; em outras palavras, quando ele é neurótico. E desde que isto acon-teça, quer se trate de neurose superficial ou profunda, isso signifi-ca uma ferida aberta, uma porta que não se consegue fechar e por aí o paciente tem facilidade de entrar, contaminando o analista. Consequentemente, é um postulado importante que o analista se conheça com a máxima profundidade.

Lembro-me do caso de uma garota que me procurou depois de   346
ter passado por dois analistas e logo nas primeiras consultas tivera um sonho semelhante aos que tivera quando tratada por aqueles analistas[66]. Toda vez que se encontrava no início de uma análise a paciente tinha um sonho muito particular: *Chegava à fronteira e queria atravessá-la, mas não conseguia encontrar a alfândega, onde deveria declarar o que estava levando.* Ela procurava a fronteira, mas nem mesmo dela conseguia se aproximar. Este sonho dava-lhe a impressão de que ela jamais conseguiria estabelecer o relacio-namento adequado com o terapeuta, mas, por ter complexo de inferioridade e não confiar em seu próprio julgamento, perma-necia com o analista, sem jamais haver progresso no tratamento. Trabalhou com ele durante dois meses e depois desistiu.

Aí procurou outro analista. De novo sonhou *que chegava à*   347
fronteira. Era uma noite escura e a única coisa visível era uma luz muito fraca; alguém lhe disse que ali era a alfândega e ela tentou aproximar-se. No caminho, desceu uma colina e atravessou um vale. No meio deste, havia uma floresta espessa, que ela temia pe-netrar, mas mesmo assim entrou ali e sentiu que alguém a agarrava na escuridão. Tentou libertar-se, mas essa pessoa segurou-a ainda com mais força, e subitamente a paciente descobriu que se tratava

66. O mesmo caso dos § 334s. deste volume.

de seu analista. O que se seguiu foi que, três meses depois, o tera-peuta desenvolveu uma violenta contratransferência por ela, como o sonho inicial havia previsto.

348   Quando começou o tratamento comigo – depois de ter-me visto numa conferência e decidido consultar-me – sonhou que *es-tava chegando à fronteira da Suíça. Era dia e a alfândega estava bem visível; cruzou a fronteira e lá entrou, vendo o guarda alfan-degário. Uma mulher estava na sua frente e ela deixou-a passar. Aí chegou a vez da paciente; tinha apenas uma pequena mala, e ela julgou que passaria sem ser notada; mas o fiscal se aproximou e disse: "O que a senhorita leva nessa mala?" Ao que ela respondeu: "Ah, não é nada, não", e abriu-a. O fiscal enfiou a mão lá dentro e puxou alguma coisa que se foi tornando maior, maior até formar duas camas completas.* O problema é que essa moça resistia à ideia do casamento; estava noiva e, por uma razão qualquer, não queria casar-se. E essas camas formavam uma cama de casal. Consegui tirar-lhe este complexo, fazendo-a conscientizar-se do problema, e logo depois ela se casou.

349   Os sonhos iniciais são quase sempre muito instrutivos. Por isso sempre pergunto a um paciente novo quando ele vem procu-rar-me: "Você sabia, há algum tempo atrás, que acabaria por me procurar?" "Você já me viu antes?" "Qual foi o seu último sonho, o da noite passada, por exemplo?" Pois se há alguma ligação a mim nas respostas dadas a essas perguntas, aí estará uma informação bastante valiosa sobre a sua atitude. E quando abordamos bem de perto o inconsciente, teremos melhores chances de ultrapassar as dificuldades. Uma transferência é sempre um estorvo, jamais uma vantagem. Cura-se apesar da transferência e não por causa dela.

350   Mais um motivo para a transferência, particularmente em suas formas mais agudas, é a provocação por parte do analista. Alguns deles, sinto muito ter de declará-lo, lutam por conseguir a transferência julgando, sei lá por que, que isso é útil, sendo mes-mo uma fase necessária do tratamento. Evidentemente, essa ideia está completamente errada. Já tive clientes que me procuraram depois de fazerem um certo período de análise e que pareciam desesperados. As coisas tinham ido bem até aí. O trabalho corria satisfatoriamente, eu já havia ganho a confiança deles – de repente o paciente chega e me informa que não pode mais continuar, o que normalmente se dava entre lágrimas. "Mas por que você não pode

continuar? Não tem dinheiro, ou qual é o problema?" Normalmente a resposta era essa: "Ah, não. O problema não é esse; é que eu não tenho transferência nenhuma em relação ao senhor". E eu respondia: "Graças a Deus que não é transferência! Transferência é uma doença, é anormal. Pessoas normais não a têm". Então a análise prosseguia calmamente e em bons termos.

Não há necessidade de transferência, como também não há 351 necessidade de projeção. Logicamente ela aparece independentemente disso. As pessoas sempre têm projeções, mas nunca a espécie que é esperada. Já leram Freud sobre esse aspecto, ou já estiveram com outros analistas. E foi-lhes enfiado na cabeça que deverão ter transferência, ou jamais serão curadas. É a maior das asneiras dizer uma coisa dessas. A cura não depende nem da ausência, nem da existência dela. Tais projeções acontecem devido a condições psicológicas muito peculiares. E da mesma forma que a gente dissolve outros mecanismos tornando-os conscientes, tem-se também de dissolver a transferência através da consciência. Se ela não existir, tanto melhor; o material surgirá da mesma forma. Pois não é isso que possibilita a abertura do paciente; toda a revelação que se quiser ter estará encerrada nos sonhos. Através deles pode-se conseguir tudo o que for desejado, pois o que é realmente necessário ali está. Se forçarmos uma transferência, o resultado da análise não será bom, pois só podemos fazê-lo insinuando coisas erradas, estimulando esperanças, fazendo promessas de maneira velada e no fim não poderíamos cumpri-las, pois seria um absurdo. Ninguém pode ter "casos" com cem mil virgens, o que seria enganar as pessoas. O analista não pode conduzir-se de forma excessivamente amigável, caso contrário será apanhado na rede; produzirá um efeito que está acima de suas próprias forças. Não poderá pagar a conta quando esta lhe for apresentada, e assim não deverá provocar uma coisa cujas consequências não poderá suportar. Mesmo que o terapeuta o faça para o bem do paciente, será de uma maneira muito maldirigida e levará sempre a um grande engano. Deixe as pessoas serem da maneira que são. Não tem importância que elas amem ou não o terapeuta; nós não somos como os alemães que querem ser amados apenas por nos venderem um par de meias. Isto é por demais sentimental. O problema central do paciente é aprender a viver a sua própria vida. E não podemos ajudá-lo quando nos intrometemos nela.

352   Aí estão algumas causas da transferência. A razão psicológica geral da projeção é sempre um inconsciente ativado que procura expressão. Sua importância é equivalente ao conteúdo projetado. E uma transferência de natureza violenta corresponde a um conteúdo incendiário; contém alguma coisa de importante, alguma coisa realmente de grande valor na vida do paciente. Mas tão logo é projetada, o terapeuta parece incorporar essa coisa preciosa. E é impossível evitar permanecer nessa posição infeliz. Mas deve-se devolver o valor ao paciente e a análise não termina até que o paciente tenha integrado completamente o valor à sua personalidade. Assim, se for projetado o complexo de salvador em algum dos senhores, por favor, devolvam essa qualidade ao paciente sem modificá-la em nada. Que salvador signifique lá o que for, isso não quer dizer que tal qualidade seja a do analista.

353   Projeções de natureza arquetípica envolvem uma dificuldade particular para o analista. Toda profissão tem seus entraves, e o da análise é de tornar-se infeccionada de projeções e transferências, principalmente das de natureza arquetípica, quando o paciente supõe que o analista é o preenchimento dos seus sonhos, não um médico comum, mas um herói espiritual e uma espécie de salvador; é evidente que o terapeuta dirá: "Mas que bobagem! Isso é doentio, não passa de um exagero histérico". Não obstante, esse endeusamento é uma tentação; a coisa parece ser boa demais. E, ainda por cima, temos todos os mesmos arquétipos. E ele começa a sentir: "Bem, se há salvadores, talvez haja a possibilidade de eu ser um deles". O homem cairá nessa, a princípio, com excitação, e aos poucos surgirá cada vez mais, aos seus olhos, que ele é sem dúvida uma pessoa extraordinária. Lentamente ele se torna fascinado e exclusivo, torna-se irritante, portando-se de maneira desagradável em sociedades médicas. Não pode mais conversar com seus colegas, pois está convencido de ser não sei o quê. Afasta-se de contatos humanos, isola-se e convence-se cada vez mais de ser um fulano realmente muito importante, de grande significado espiritual – talvez igual ao dos mahatmas do Himalaia, parecendo-lhe que ele também pertença a essa sublime irmandade. E aí a pessoa está perdida para a sua própria profissão.

354   Há exemplos bastante infelizes a esse respeito. Conheço muitos colegas que seguiram esse caminho. Não puderam resistir às

contínuas invasões do inconsciente coletivo dos pacientes; caso após caso, projetaram o complexo de salvador no analista, bem como as expectativas religiosas e a esperança de que talvez o analista, munido de conhecimentos secretos, possuísse a chave perdida pela Igreja, podendo revelar-lhes a verdade redentora. Tudo isso é uma tentação muito sutil e envolvente. E muitos foram vencidos por ela. Identificam-se com o arquétipo, criam um credo particular, e, como necessitam da crença de discípulos, fundam uma seita.

O mesmo problema também pode ser ilustrativo para a dificuldade característica que os psicólogos de escolas diferentes têm em discutir suas ideias divergentes, de maneira razoavelmente amigável e de uma tendência peculiar ao nosso ramo de ciência, de se fecharem em pequenos grupos e seitas científicas, como se constituíssem uma determinada fé. É verdade que tais ajuntamentos no fundo duvidam da verdade exclusiva que professam, e por isso sentam-se juntos e repetem infindamente as mesmas coisas, até acreditarem nelas. Fanatismo é sempre um sinal de dúvida reprimida, o que se pode verificar na história da Igreja. Sempre que a Igreja começa a vacilar, o estilo desvia-se para o fanático, ou surgem seitas extremistas, porque a dúvida secreta tem que ser recalcada. Quando alguém está realmente convicto, torna-se perfeitamente calmo, pode discutir a sua crença como um ponto de vista pessoal sem ressentimentos de espécie alguma. *355*

São os espinhos do ofício de terapeuta tornar-se psiquicamente infectado e envenenado pelas projeções às quais se expõe. Tem de estar continuamente em guarda contra a autoestima excessiva. Mas o veneno não afeta apenas a sua psique; pode ser que perturbe finalmente o seu sistema simpático. Tenho observado um número extraordinário de doenças físicas entre psicoterapeutas; doenças que não se ajustam à sintomatologia médica conhecida, e que eu atribuo à contínua onda de projeções da qual o analista não discrimina a sua própria psicologia. A condição emocional particular do paciente exerce um efeito contagioso. Pode-se dizer que ela provoca as mesmas vibrações no sistema nervoso do paciente e consequentemente, como os alienistas, os psicoterapeutas também são passíveis de tornarem-se um pouco esquisitos. Não devemos nunca esquecer esse fato, pois liga-se profundamente ao problema da transferência. *356*

357   Trataremos agora da terapia da transferência[67]. Trata-se de assunto muito importante e complexo, e temo dizer coisas que já são do conhecimento de todos, mas para ser sistemático não vou omiti-las.

358   É evidente que a transferência tem que ser dissolvida e tratada da mesma maneira que qualquer outra projeção; o que em termos práticos significa: deve-se fazer o paciente apreender o *valor subjetivo* dos conteúdos pessoais e impessoais da projeção. Pois não se trata apenas de valores pessoais. Como os senhores acabaram de ouvir, os elementos projetados também podem pertencer a uma natureza impessoal, arquetípica. O complexo de salvador, por certo, não é um motivo pessoal; é uma ideia universal, uma esperança de todo mundo, em qualquer época da história. É a ideia arquetípica da personalidade mágica[68].

359   No início de um tratamento as projeções são experiências pessoais do paciente inevitavelmente repetidas. Neste estágio tem-se de tratar todos os níveis de relacionamento que o paciente já teve. Se, por exemplo, tratarmos de alguém que tenha estado em muitas casas de saúde com os médicos característicos de tais lugares, o paciente projetará tais experiências no analista; aí tem-se que passar através das figuras de todos esses colegas que trabalham em sanatórios de luxo, com seus honorários elevados e todo o desempenho teatral a que recorrem, e naturalmente o paciente supõe que somos um desses fulanos. Dever-se-á passar por toda a série de pessoas com as quais o paciente conviveu – os médicos, os advogados, os professores, os tios, os primos, os irmãos e o pai. E quando a procissão interminável chega ao fim, quando chegamos à primeira infância, pensamos que a coisa realmente terminou. Mas não acabou não. É como se atrás do pai se escondesse ainda alguma coisa, e a gente chega a suspeitar de que o avô também tem sua colherada na história. Nunca tive clientes que projetassem o bisavô em mim, mas o avô já foi projetado. Quando se chega ao berço, quase indo parar no outro lado da existência, esgotam-se todas as

---

67. Cf. "A psicologia da transferência: Comentários baseados em uma série de figuras alquímicas". In: JUNG, C.G. *A prática da psicoterapia*. Petrópolis: Vozes, 2011 [OC, 16].

68. Cf. "O eu e o inconsciente". In: JUNG, C.G. *Dois estudos sobre psicologia analítica*. Petrópolis: Vozes, 2011 [OC, 7/2; § 374s.].

possibilidades da *consciência* e, se o problema da transferência não se resolver nesse estágio, será devido à projeção de conteúdos *impessoais*. Reconhece-se tal fator pela natureza impessoal peculiar de seus elementos como, por exemplo, o complexo de salvador ou alguma imagem arcaica de Deus. O caráter arquetípico de tais imagens produz uma "mágica", ou seja, um efeito todo-poderoso e dominador. Através de nossa consciência racional não podemos entender por que isso acontece; Deus, por exemplo, é espírito, coisa que para nós não é nada substancial nem dinâmica. Mas, ao estudarmos o significado original de tais termos, chegamos à natureza real da experiência subjacente e compreendemos perfeitamente como isso afeta a mente primitiva e, de maneira similar, a psique primitiva em nós mesmos. Espírito, *spiritus* ou *pneuma* realmente significa ar, vento, respiração. E em seu caráter arquetípico são caracteres dinâmicos e agentes semissubstanciais; por eles somos movidos, como pelo vento; eles nos penetram como na respiração e então nos tornamos inflados.

Tais figuras também podem ser de natureza negativa, como as imagens de feiticeiros, do demônio e assim por diante. Mesmo os terapeutas não são completamente blindados contra isso. Conheço colegas que produzem as mais maravilhosas fantasias sobre mim, acreditando que eu tenha parte com o demônio e que me valha da magia negra em meus trabalhos. E com pessoas que nunca acreditaram em demônios, aparecem as figuras mais incríveis na transferência de conteúdos impessoais. A projeção de imagens de natureza paterna (ou materna) pode ser dissolvida através do raciocínio comum; mas não se pode destruir o poder de imagens impessoais simplesmente através do bom-senso. Nem seria certo destruí-las, pois elas são enormemente importantes. E para explicar isso temo ter que voltar à história da mente humana. **360**

Não há nada de novo em dizer que as imagens arquetípicas são projetadas. Isso realmente tem de acontecer, pois caso contrário elas invadiriam a consciência. O problema consiste apenas em descobrir uma forma que seja um continente adequado. Existe uma velha instituição que ajuda as pessoas a projetarem as imagens impessoais. Quase todos a conhecemos e provavelmente já passamos pelo processo, mas infelizmente éramos novos demais para reconhecer sua importância e valor. Tal meio é a iniciação religiosa, para nós representada sob a forma do batismo. Quando **361** a influência fascinante e unilateral das imagens parentais tem que ser diminuída, para a criança ser libertada de sua condição biológica inicial com os pais, então a natureza, isto é, a natureza inconsciente no homem, na sua infinita sabedoria, providencia uma certa espécie de iniciação. Em tribos muito primitivas esse processo é representado pela iniciação na vida adulta, na participação das atividades sociais e espirituais da tribo. No curso da diferenciação da consciência a iniciação tem sofrido muitas transformações, até que chegou a nós sob a instituição elaborada do batismo, onde se fazem necessários dois agentes: padrinho e madrinha. Em nosso dialeto suíço chamados pelos nomes que equivalem a Deus: "Götti" e "Gotte", sendo que a primeira forma é masculina e significa aquele que fecunda, e a outra corresponde ao seu feminino. O batismo e os pais espirituais, na forma de padrinho e madrinha, expressam o mistério de nascer duas vezes. Conhecemos nas altas castas indianas o título honorífico de "nascido duas vezes". Essa era também uma prerrogativa do faraó. Havia muitas vezes nos templos egípcios, ao lado da sala principal, a chamada câmara de nascimento, onde um ou dois quartos eram reservados ao ritual. Ali o duplo nascimento do faraó era descrito – a sua origem humana e carnal, provindo de pais comuns, bem como a origem divina – gerado por Deus e dado à luz pela deusa. Ele é nascido filho do homem e de Deus.

362   Nosso batismo significa o desprendimento dos pais apenas naturais e da influência sufocante das imagens parentais. Eis por que os pais biológicos são substituídos por pais naturais. Padrinho e madrinha representam a *intercessio divina* por meio da Igreja, que é a forma visível do reino espiritual. No rito católico, mesmo no matrimônio – onde deveríamos supor que é de extrema importância que este determinado homem e esta determinada mulher se unam e se confrontem mutuamente – a Igreja interfere; a *intercessio sacerdotis* impede o contato imediato do casal. O padre representa a Igreja, que sempre surge sob a forma de confissão obrigatória. Essa intervenção não se deve à astúcia característica da Igreja, trata-se antes de sua grande visão, e se nos voltarmos às origens do cristianismo veremos que aí se inicia a crença de que não somos casados meramente como homem e mulher; somos casados *in Christo*. Tenho um vaso antigo que está representando um casamento cristão primitivo. O homem e a mulher seguram-se as

mãos, tendo entre elas o Peixe. O Peixe está entre eles, e o Peixe é Cristo. Assim o casal está unido no Peixe. Estão unidos e separados por Cristo que é o intermediário, o representante da força que se destina a separar o homem dos poderes meramente naturais.

Tal processo de separação da natureza também se dá nos conhecidos ritos iniciatórios, ou da puberdade, entre as tribos primitivas. Quando os rapazes se aproximam desse período são subitamente separados do resto das pessoas. Durante a noite ouvem as vozes dos espíritos, aqueles que urram como bois, e nenhuma mulher pode sair de casa, caso contrário será morta imediatamente. Aí os rapazes são levados para a casa da floresta, onde se submetem às representações mais estranhas: não podem falar, informam-lhes que estão mortos, para depois receberem a notícia de que ressuscitaram. Dão-lhes novos nomes a fim de provarem que não têm mais a mesma personalidade que anteriormente, e que agora não são mais os filhos de seus pais. A iniciação pode ser drástica a ponto de, após o retorno dos jovens, as mães não poderem mais conversar com eles por não serem mais os seus filhos. Anteriormente, entre os hotentotes, o rapaz tinha de manter relação sexual com sua mãe, pelo menos uma vez, a fim de provar que não se tratava mais de sua mãe, mas sim de uma mulher como todas as outras. **363**

O rito cristão correspondente perdeu muito de sua importância; mas ao estudarmos o simbolismo do ritual do batismo encontraremos ainda os traços de seu significado inicial. Nosso quarto de nascimento é a pia batismal, a piscina, onde ficamos como um pequeno peixe; ali somos simbolicamente afogados e revividos. Sabemos que os cristãos primitivos eram realmente mergulhados na pia batismal, que era bem maior do que atualmente; em muitas das antigas igrejas, o batistério consistia num prédio separado, construído sobre o projeto de um círculo. Um dia antes da Páscoa a Igreja Católica tem uma cerimônia especial para a consagração da fonte batismal, a *benedictio fontis*. A água meramente natural é exorcizada da mistura de todas as forças malignas e transformada na fonte pura e regeneradora da vida, o ventre imaculado da nascente sagrada. O sacerdote divide a água nos quatro sentidos da cruz, sopra três vezes sobre ela, três vezes nela mergulha o círio pascal como símbolo da luz eterna, e ao mesmo tempo o seu encantamento faz com que a virtude, a força do Espírito Santo desça **364** sobre a água. Através desse *hierosgamos*, do casamento sagrado entre o Espírito Santo e a fonte batismal como ventre da Igreja, o homem é ressuscitado na inocência verdadeira de uma nova infância. A mácula do pecado é apagada e a sua natureza se junta à imagem de Deus. Ele não está mais contaminado por forças unilateralmente naturais, está regenerado como ser espiritual.

365   Há outras instituições destinadas a separar o homem das condições naturais. É impossível entrar em todos os detalhes, mas ao estudarmos a psicologia dos primitivos descobrimos que todos os fatos importantes da vida estão ligados a cerimônias elaboradas, cujo propósito central é libertar o homem do estágio precedente da existência e ajudá-lo a transferir sua energia psíquica para a fase seguinte. Quando uma moça se casa deve separar-se da imagem dos pais e não deve projetar a imagem do pai no marido. Eis por que se observou um ritual particular na Babilônia, cujo propósito era desprender a jovem da imagem paterna. É o rito da prostituição sagrada, segundo a qual as jovens que vivem no seio de suas famílias devem entregar-se a um estrangeiro que visite o templo, que presumivelmente jamais retornará, devendo passar uma noite inteira com ele. Na Idade Média havia uma instituição semelhante, o *jus primae noctis*, o direito que o senhor feudal tinha com relação aos seus servos; a noiva tinha que passar a primeira noite com ele. Através do rito da prostituição no templo, uma imagem mais forte era criada e colidia com a do homem que viria a ser seu marido, e assim, quando havia problemas no casamento – pois até naqueles tempos problemas conjugais se registravam –, a regressão, que é o seu resultado natural, não voltaria ao pai, mas ao estranho que ela uma vez encontrou, o amante vindo de terras desconhecidas. Assim a moça não se perdia na infância, mas era devolvida a um ser humano adequado à sua idade, ficando dessa forma suficientemente protegida contra a regressão infantil.

366   Esse ritual mostra um belo exemplo de observação da psique humana, pois há uma imagem arquetípica nas mulheres de um amante, que se encontra numa terra distante e desconhecida, um homem que virá pelos mares para amar apenas uma vez e partir. Tal motivo encontra-se em O *navio fantasma*, de Wagner, e em *A dama do mar*, de Ibsen. Em ambas as tramas, a heroína espera por um estranho que virá de mares longínquos para lhe dar a grande experiência do amor. Na ópera de Wagner ela se apaixona pe-

la imagem do homem e o conhece mesmo antes que ele chegue. *A dama do mar* já encontrara o estrangeiro uma vez e vive sempre impelida a ir para o mar e esperar pela volta do amante. No rito babilônico essa imagem arquetípica é vivida concretamente para afastar a mulher das imagens parentais, que são realmente arquetípicas e consequentemente dotadas de poder excessivo. Escrevi um pequeno livro sobre o relacionamento entre o eu e o inconsciente, onde abordo a projeção da imagem paterna por uma mulher que estava sob meus cuidados profissionais, e como o problema se desenvolveu através da análise da imagem arquetípica que estava na base da transferência[69].

O primeiro estágio do tratamento da transferência não envolve apenas a conscientização pelo paciente de que ele ainda olha o mundo como se estivesse dentro do berço ou da escola, tudo projetando e esperando das figuras autoritárias, positivas e negativas, de sua experiência pessoal. Esta conscientização apenas se refere ao lado objetivo. Para estabelecer uma imagem realmente madura o paciente deverá ver o valor *subjetivo* dessas imagens que parecem criar empecilhos à sua vida. Deve assimilá-las à sua própria psicologia e descobrir de que forma elas fazem parte dele próprio; de que forma, por exemplo, ele dá valor positivo a um objeto, quando, na verdade, o valor deveria ser incorporado e desenvolvido pelo paciente. E da mesma forma quando projeta um valor negativo, odiando e execrando o objeto, sem descobrir que vê nele o seu próprio lado negativo, sua sombra, por preferir ter uma opinião otimista e unilateral de si mesmo. Como sabemos, Freud trata apenas desse lado objetivo. Mas não podemos ajudar em profundidade a um paciente a assimilar os conteúdos de sua neurose através da indulgência com uma falta de responsabilidade infantil, ou pela resignação a um destino cego, do qual o paciente se julga vítima. O significado de uma neurose é impulsionar o indivíduo para a personalidade total, o que inclui o reconhecimento e responsabilidade pela totalidade do ser, pelos bons e maus aspectos, pelas funções inferiores.

Suponhamos agora que a projeção de imagens pessoais tenha sido totalmente tratada, mas que ainda exista uma transferência que não se conseguiu dissolver. Então se chega ao *segundo estágio* da

367

368

---

69. Ibid., § 206s.

terapia da transferência. Ou seja, à *discriminação entre conteúdos pessoais e impessoais*. As projeções pessoais devem ser dissolvidas, como já vimos, e isso pode acontecer através da realização consciente. Mas as impessoais não podem ser destruídas por pertencerem aos elementos estruturais da psique; não que sejam relíquias de um passado que deve ser mantido e preservado. São, pelo contrário, funções propositais e compensatórias da maior importância. São proteções fundamentais contra situações nas quais um homem poderia perder a cabeça. Em situações de pânico os arquétipos intervêm e permitem à pessoa agir de maneira instintivamente adaptada, como se aquela situação lhe fosse de há muito familiar: aí se reage da maneira que a humanidade sempre reagiu. Eis por que o mecanismo é de importância vital.

369   Nem se precisa dizer que a projeção de tais imagens impessoais sobre o analista deva ser retirada. Mas somos capazes de dissolver apenas o *ato* da projeção; não podemos nem devemos dissolver os seus *conteúdos*. Nem pode o paciente transportar os elementos da psique impessoal para a esfera pessoal. O fato de serem conteúdos impessoais é a própria razão de serem eles projetados. Sente-se que não pertencem à mente subjetiva, mas que devem ser localizados em algum lugar fora do eu e, por falta de uma forma adequada, um objeto humano lhes serve de receptáculo. Assim devemos ser extremamente cuidadosos ao lidarmos com projeções impessoais. Seria, por exemplo, grande erro dizer a um paciente: "Você simplesmente está projetando a imagem do salvador em mim. Que estupidez querer um salvador e fazer-me responsável por isso". Se os senhores depararem com tal expectativa, levem-na muito a sério, pois ela não é uma bobagem. Todo mundo tem uma esperança com relação a um salvador. Isso pode ser encontrado em todo lugar; veja-se, por exemplo, na Itália ou na Alemanha o que está acontecendo. Atualmente não temos nenhum salvador na Inglaterra nem na Suíça; mas não creio que sejamos tão diferentes do resto da Europa. Nossa situação é um pouco diferente daquela dos alemães e italianos; talvez eles sejam um pouquinho menos equilibrados. Mas mesmo conosco seria necessário bem pouco para chegarmos ao que está acontecendo nesses dois países. Lá temos o complexo de salvador como psicologia de massa. Este complexo é uma imagem arquetípica do inconsciente coletivo e muito frequentemente se torna ativado numa época tão cheia de problemas e de-

sorientações como a nossa. Nesses acontecimentos coletivos podemos apenas ver, como que através de uma lente de aumento, o que pode acontecer dentro do indivíduo. É justamente num momento de pânico que tais elementos compensatórios da psique entram em ação. Não se trata, de forma alguma, de um fenômeno anormal. Talvez seja estranho para nós que isto se expresse sob formas políticas. Mas o inconsciente coletivo é um fator muito irracional e nossa consciência racional não lhe pode dizer que aparência deverá tomar. Logicamente, se fosse abandonado à ação livre e desordenada, sua atividade seria muito destrutiva; pode, por exemplo, assumir a forma de uma psicose. Eis por que a relação do homem com o mundo dos arquétipos sempre esteve sob certos controles; há uma forma característica através da qual se expressam as imagens arquetípicas. O inconsciente coletivo é uma função dinâmica e o homem deve sempre manter-se em contato com ele. Sua saúde espiritual e psíquica depende da cooperação das imagens impessoais. Essa é a razão principal por que o homem sempre teve as suas religiões.

O que são as religiões? São sistemas psicoterapêuticos. E o 370 que fazemos nós, psicoterapeutas? Tentamos curar o sofrimento da mente humana, do espírito humano, da psique, assim como as religiões se ocupam dos mesmos problemas. Assim, Deus é um agente de cura, é um médico que cura os doentes e trata dos problemas do espírito; faz exatamente o que chamamos psicoterapia. Não estou fazendo jogo de palavras ao chamar a religião de sistema psicoterapêutico. É o sistema mais elaborado, por trás do qual se esconde uma grande verdade prática. Tenho uma clientela bastante grande, que se estende por alguns continentes, e onde moro estamos praticamente rodeados por católicos. Durante os últimos trinta anos não tive mais de seis católicos praticantes entre meus clientes. A vasta maioria era de protestantes e judeus. Certa vez, enviei um questionário a pessoas desconhecidas perguntando: "Se você tivesse algum problema psicológico, o que faria? Iria ao médico ou procuraria seu confessor ou ministro religioso?" Não consigo lembrar-me exatamente dos números, mas recordo-me que mais ou menos 20% dos protestantes disseram que procurariam o pastor; todo o resto estava enfaticamente contra o pastor e a favor do analista ou psiquiatra, e os mais enfáticos de todos eram os parentes ou filhos de pastores. Houve um chinês que deu uma resposta bem pitoresca: "Quando sou jovem procuro um médico, mas quando sou velho busco um filósofo". Mas 58 ou 60% dos católicos responderam que iriam procurar o padre. O que prova que a Igreja Católica em particular, com seu sistema rigoroso de confissão e seus diretores espirituais, é uma instituição terapêutica. Tenho alguns pacientes que, depois de terminarem a análise, converteram-se ao catolicismo e a outras associações grupais semelhantes. Creio que é perfeitamente correto fazermos uso das instituições terapêuticas que a história nos legou. Gostaria de ser eu próprio um homem de estrutura mais medieval para provar um credo semelhante; infelizmente é preciso uma psicologia um tanto medieval para isso, e não a tenho suficientemente. Mas através de tudo o que disse pode-se ver que tomo muito a sério as imagens arquetípicas e uma forma adequada para a sua projeção porque o inconsciente coletivo é mesmo um fator sério na psique humana.

371   Todas essas coisas pessoais, como tendências incestuosas e outras características infantis, não passam de mera superfície. O que o inconsciente realmente contém são os grandes fatos coletivos dos tempos. No inconsciente coletivo do indivíduo a própria história se prepara, e quando alguns arquétipos são ativados num certo número de indivíduos, chegando à superfície, encontramo-nos no meio da corrente histórica, como acontece agora com o mundo. A imagem arquetípica que o momento necessita ganha vida e todo o mundo é tomado por ela. É o que vemos hoje. Eu já pressentira esse fato em 1918, quando disse que a "besta loura está se mexendo em seu sono" e alguma coisa iria acontecer na Alemanha[70]. Naquela época nenhum psicólogo entendeu o que eu queria dizer, pois não entendiam que nossa psicologia individual não passa de uma pele bem fina, uma pequena onda sobre um oceano de psicologia coletiva. O fator poderoso, aquele que muda nossa vida por completo, que muda a superfície do mundo conhecido, que faz a história, é a psicologia coletiva que se move de acordo com leis totalmente diferentes daquelas que regem nossa consciência. Os arquétipos são a grande força decisiva e produzem os fatos e não os nossos raciocínios pessoais e a nossa inteligência prática. Antes da Grande Guerra todas as pessoas inteligentes diziam: "Não

---

70. *Sobre o inconsciente* – "Besta loura". NIETZSCHE, F. *Zur Genealogie der Moral.* Werke VII, p. 322s.

podemos ter mais guerras; o raciocínio humano desenvolveu-se demais para que coisas assim ainda possam acontecer, e nosso comércio e finanças estão tão entrelaçados internacionalmente que uma guerra está completamente fora de cogitação". E aí fizemos a mais sanguinolenta guerra que já se viu. E agora já recomeçam com essas conversas de domínio da razão e planos de paz e mais outras coisas assim; tornam-se cegos, agarrando-se a um otimismo infantil – e vejam os resultados! Está evidentemente claro que as imagens arquetípicas decidem o destino do homem. O que decide é a psicologia inconsciente do homem e não aquilo que pensamos e discutimos em nossa câmara cerebral, lá no sótão da casa.

Quem, em 1900, pensaria que trinta anos mais tarde iriam 372 acontecer essas coisas na Alemanha? Teriam os senhores acreditado que uma nação inteira de pessoas inteligentes e cultas pudesse ser dominada pela força fascinadora de um arquétipo? Eu vi que isto haveria de acontecer, e só pude compreendê-lo por conhecer o poder do inconsciente coletivo. Mas, vistas da superfície, tais ideias parecem simplesmente impossíveis. Tenho mesmo amigos pessoais que se encontram sob esse avassalamento, e quando me encontro na Alemanha também sou levado a crer na mesma coisa. Compreendo a totalidade e sei que tem de ser como está acontecendo. Não se pode resistir a tal poder. Os acontecimentos escapam a todas as medidas e fogem à capacidade de raciocinar. O cérebro acaba não valendo nada e o sistema simpático é tomado. É uma força que simplesmente fascina as pessoas de dentro para fora, é o inconsciente coletivo que está sendo ativado, um arquétipo comum a todos os que vêm à vida. E por ser um arquétipo tem que ter aspectos históricos e não podemos entender os fatos sem entender a história[71]. É a história da Alemanha que está sendo vivida, bem como o fascismo está vivendo a história italiana. Não podemos ser infantis em relação a isso tendo ideias razoáveis e intelectuais, dizendo: "Isto jamais deveria acontecer". Esse pensamento não passa de infantilidade, pois o que hoje estamos vivendo é a própria história, é o que acontece com o homem e o que sempre aconteceu, e é muito mais importante do que nossas pequenas mágoas e convicções pessoais. Conheço alemães bastante cultos que se julgam

---

71. Cf. "Wotan". In: JUNG, C.G. *Aspectos do drama contemporâneo*. Petrópolis: Vozes, 1988 [OC, 10/2].

tão razoáveis como eu a mim ou os senhores se julgam. Mas uma onda os cobriu e simplesmente levou a razão deles na enxurrada. E quando conversamos com eles temos de admitir que não há nada que se possa fazer. Um destino incompreensível os dominou e não podemos dizer se ele está certo ou errado. Não tem nada que ver com o julgamento racional, é apenas a história. E quando a transferência dos pacientes toca os arquétipos, uma mina é tocada, podendo explodir, exatamente como a vemos explodir coletivamente. As imagens impessoais possuem uma imensa força dinâmica. Em *Man and superman*, Bernard Shaw diz: "Essa criatura homem, que em seus assuntos egoístas é um covarde até à medula dos ossos, lutará por uma ideia como um herói"[72]. É evidente que não poderemos chamar o fascismo ou o hitlerismo de ideias; são arquétipos e nós diríamos: dê um arquétipo ao povo, que a multidão inteira se moverá como se fosse um único homem, não há como resistir-lhe.

373 Devido à tremenda força dinâmica das imagens arquetípicas não se pode bani-las através do raciocínio. Consequentemente a única coisa a fazer no *terceiro estágio da terapia da transferência é diferenciar o relacionamento pessoal com o analista dos fatores impessoais*. É compreensível que, quando se trabalhou cuidadosa e honestamente com um paciente, ele goste da gente. E se o trabalho foi bom, que o analista acabe gostando dele também, quer se trate de homem ou mulher. Isto é evidente. Seria a maior neurose e a coisa mais antinatural se não houvesse algum reconhecimento do cliente pelo que fizemos por ele. Uma reação humana em relação ao terapeuta é normal e aceitável, portanto deixemos que ela aconteça, pois merece viver, e não se trata mais de transferência. Mas tal atitude somente é válida quando não está viciada por valores impessoais irreconhecíveis. O que significa que deve haver, por outro lado, o pleno reconhecimento da importância das imagens arquetípicas, muitas delas de caráter religioso. Quer achemos ou não que a tempestade nazista na Alemanha tenha um caráter religioso, isto não tem importância. Tal valor realmente lá está. O fato de pensarmos ou não que o Duce é uma figura religiosa não tem importância; o que importa é que ele realmente é essa figura. Podemos até ler a afirmação desse fato nos jornais desses dias quando foi citado um verso sobre um César romano: *Ecce deus,*

---

72. Terceiro ato, monólogo de Don Juan, p. 245.

deus ille, Menalca![73] O fascismo é a forma latina de religião e seu caráter religioso explica por que a coisa tem um tão tremendo poder de atração.

A consequência do reconhecimento do valor religioso de tais   374 símbolos pode ser que seu paciente acabe se voltando para algum credo religioso, Igreja ou coisa que o valha. Se ele não puder conter a experiência do inconsciente coletivo dentro de uma determinada forma religiosa, então começam a aparecer as dificuldades, pois os fatores impessoais não encontrarão receptáculo, e o paciente recairá na transferência e as imagens arquetípicas atrapalharão o relacionamento com o paciente. O terapeuta é o salvador, mas ai dele quando deveria sê-lo e não o é. Na realidade o terapeuta é apenas um ser humano; não pode ser um salvador ou nenhuma outra imagem que esteja ativada no inconsciente do paciente.

Devido às enormes dificuldades desse problema elaborei uma   375 técnica para desenvolver os valores impessoais projetados pelo paciente. É um mecanismo um pouco complicado e na noite passada eu estava prestes a mostrar-lhes alguma coisa referente a ele no tratamento daquele sonho. Pois quando o inconsciente diz que sob a Igreja Católica há uma câmara secreta com um vaso e uma adaga de ouro, não há aí nenhuma mentira. O inconsciente é a natureza, e a natureza nunca mente. Lá está o ouro, a coisa preciosa, o grande valor.

Se tivesse havido oportunidade, eu teria ido mais longe e dito   376 alguma coisa sobre esse tesouro e os meios de assegurá-lo. E os senhores veriam a justificação do método que capacita o indivíduo a manter-se em contato com as imagens impessoais. Mas, da maneira pela qual as coisas se desenrolaram, eu apenas posso fazer alusão aos fatos e remetê-los a meus livros para esclarecimentos mais profundos[74].

Denomino esse *quarto estágio* da terapia da transferência *ob-*   377 *jetivação das imagens impessoais*. É uma parte essencial do processo de individuação[75]. Seu objetivo é desprender a consciência

---

73. VIRGÍLIO, *Écloga* V, 64: *ipsa sonant arbusta: deus, deus ille, Menalca!* (Até mesmo os arbustos cantam: ele é um deus, um deus, Menalca).

74. Especialmente o comentário a *O segredo da flor de ouro* e *Os objetivos da psicoterapia*.

75. Cf. JUNG, C.G. *Tipos psicológicos* [OC, 6; § 825s.]. "O eu e o inconsciente" [OC, 7/2;§ 266s.]. "Estudo empírico do processo de individuação" [OC, 9/1].

do objeto para que o indivíduo não coloque mais a garantia de sua felicidade ou mesmo de sua vida em fatores externos, quer se trate de pessoas, ideias ou circunstâncias, mas sim que ele tome consciência de que tudo depende do fato de ele alcançar ou não o tesouro. Se a posse desse tesouro surge ao nível da consciência, então o centro de gravidade passa a estar no indivíduo, e não mais no objeto do qual era dependente. Atingir tal condição de desprendimento é o objetivo das práticas orientais e de todos os ensinamentos da Igreja. Em várias religiões o tesouro se projeta nas diversas figuras sagradas, mas essa hipótese não é mais possível para a mente moderna e esclarecida. Um grande número de indivíduos não pode mais expressar seus valores impessoais em símbolos históricos.

378   Defrontam-se então com a necessidade de encontrar um método individual para darem forma às imagens, pois elas têm que tomar forma e viver a vida que lhes é própria, caso contrário o indivíduo é separado da função básica da psique, tornando-se neurótico, desorientado, entrando em conflito consigo mesmo. Mas se ele for capaz de objetivar essas imagens e relacionar-se com elas, estabelecerá o contato com a função psicológica vital, que desde os inícios da consciência foi cuidado pela religião.

379   É impossível entrar nos detalhes do problema, não só por uma questão de tempo, mas porque está além de concepções científicas dar expressão adequada a uma experiência psicológica viva. O máximo que se pode dizer sobre essa condição de desprendimento é defini-la como uma espécie de centro dentro da psique individual, mas não dentro do eu[76]. É um centro fora do eu, e temo que apenas uma longa dissertação sobre a história das religiões possa dar aos senhores uma ideia do que quero dizer com isso. É o problema central de um grande número de pessoas que procuram a análise, e o analista tem que procurar um meio de ajudá-las.

380   Se adotarmos tal método, tomaremos a tocha que foi abandonada por nossos colegas do século XVII quando desistiram dela para se tornarem químicos. Desde que nós psicólogos estamos nos libertando de concepções químicas e materiais da psique, estaremos novamente tomando a tocha abandonada, continuando o processo que começou no Ocidente no século XII, pois a alqui-

---

76. Cf. JUNG, C.G. *Psicologia e alquimia* [OC, 12; § 44, 126, 129, 135 e 325s.].

mia era o trabalho dos médicos que se preocupavam com a mente humana.

Discussão

Questão:

Posso fazer ao Prof. Jung uma pergunta extremamente ele- 381
mentar? Poderia dar-nos uma definição de neurose?

C.G. Jung:

A neurose é uma *dissociação da personalidade* devido à exis- 382
tência de complexos. Ter complexos é, em si, normal; mas se
os complexos são incompatíveis, a parte da personalidade que é
por demais contrária à parte consciente se separa. E se a fissu-
ra atingir a estrutura orgânica, a dissociação será uma psicose,
uma condição esquizofrênica, como o termo pode denotar. Então cada complexo passa a ter vida própria e isolada, sem que a
personalidade possa uni-los.

Os complexos divididos, por serem inconscientes, encontram 383
apenas meios indiretos de expressão, ou seja, através de sintomas
neuróticos. Ao invés de sofrer um conflito psicológico, a pessoa
sofre de neurose. Qualquer incompatibilidade de personalidade
pode causar dissociação, e uma separação muito grande entre o
pensamento e o sentimento, por exemplo, já constitui uma ligeira
neurose. Quando não nos sentimos totalmente equilibrados em
relação a um determinado assunto, aproximamo-nos da condição
neurótica. A ideia de dissociação psíquica é a maneira mais segura
com que consigo definir uma neurose. Evidentemente não cobre
sua sintomatologia e fenomenologia; é apenas a formulação psicológica mais geral que posso dar.

Dr. H.G. Baynes:

O senhor afirmou que a transferência não apresenta nenhum 384
valor prático para a análise. Não seria possível atribuir-lhe um valor teleológico?

C.G. Jung:

385   Realmente não mencionei isto, mas o valor teleológico da transferência se faz visível na análise de seus conteúdos arquetípicos. Seu valor proposital também se mostra no que eu disse sobre a transferência como função compensatória de uma falta de ligação entre o analista e o paciente – pelo menos se presumirmos que é normal os seres humanos estarem *en rapport* entre si. Evidentemente posso imaginar que um filósofo introvertido seja mais ou menos inclinado a pensar que as pessoas não têm contato entre si. Schopenhauer, por exemplo, diz que o egoísmo do homem é tão grande que ele é capaz de matar o próprio irmão para engraxar as botas com a sua gordura.

Dr. Henry V. Dicks:

386   Creio que podemos então presumir que o senhor julga a explosão de uma neurose como a tentativa de autocura, uma tentativa compensatória que faz emergir a função inferior?

C.G. Jung:

387   Exatamente.

Dr. Dicks:

388   Posso dizer então que a erupção de uma doença neurótica, do ponto de vista do desenvolvimento humano, é um fator favorável?

C.G. Jung:

389   É isso mesmo, e fico contente que esse ponto tenha sido abordado. Meu ponto de vista é realmente este. Não sou totalmente pessimista em relação a uma neurose. Em muitos casos deveríamos dizer: "Graças a Deus, ele decidiu ficar neurótico". Essa é uma tentativa de autocura, bem como qualquer doença física também o é. Não se pode mais entender a doença como um *ens per se*, como uma coisa desenraizada, como há algum tempo atrás se julgava que fosse. A medicina moderna, a clínica geral, por exemplo, concebe

a doença como um sistema composto de fatores prejudiciais, e de elementos que levam à cura. O mesmo se dá com a neurose, que é uma tentativa do sistema psíquico autorregulador de restaurar o equilíbrio, que em nada difere da função dos sonhos, sendo apenas mais drástica e pressionadora.

Dr. J.A. Hadfield:

O Prof. Jung poderia dar-nos um esboço da técnica da imagi- 390 nação ativa?

C.G. Jung:

Esse era realmente o assunto que eu queria abordar hoje, 391 como consequência da análise do sonho de Toledo; portanto fico contente de poder retomá-lo. Vocês verão que não posso apresentar nenhum material empírico, mas talvez seja possível dar-lhes uma ideia do método. Creio que o melhor é relatar-lhes um caso em que foi muito difícil ensinar ao paciente o método.

Estava tratando de um jovem artista, que tinha a maior das 392 dificuldades em aprender o que eu queria dizer com imaginação ativa. Lutou ao máximo para compreender, mas nada conseguiu. Sua dificuldade era não conseguir pensar; músicos, pintores, artistas em geral são normalmente incapazes de pensar, por não usarem nunca o intelecto de maneira intencional. O cérebro desse homem também sempre trabalhava por si; era dotado de uma grande imaginação artística e não podia usá-la psicologicamente, e assim não podia entender nada do que eu estava querendo ensinar-lhe. Dei-lhe todas as oportunidades de tentar, e ele fez os maiores esforços por conseguir. Seria impossível relatar-lhes tudo, mas contarei como o cliente por fim conseguiu usar a imaginação psicologicamente.

Moro fora da cidade e ele tinha que tomar o trem para che- 393 gar lá. O trem parte de uma pequena estação e na parede havia um cartaz, que o moço fixava toda vez que esperava o trem. Era uma propaganda do Mürren, nos Alpes, gravura cheia de cachoeiras, um campo verde e uma colina no centro. E nessa colina havia algumas vacas. Ficava ali sentado, olhando o cartaz e pensando que jamais poderia entender o que é a imaginação ativa. E um dia ele pensou: "Talvez eu pudesse tentar, fazendo uma fantasia sobre aquele cartaz. Poderia, por exemplo, imaginar que me encontro no cartaz, que o cenário é real, poderia subir a colina das vacas e olhar para o outro lado e lá embaixo ver o que há por trás da colina".

394   Então chegou à estação e imaginou que estava no cartaz. Viu o campo, andou pela colina entre as vacas, quando chegou ao ponto mais alto olhou para baixo e lá estava o campo novamente, descendo cada vez mais até uma cerca com um portão. Aí ele desceu, passou pelo portão e havia uma pequena passagem que circundava uma ravina e uma rocha. E quando se aproximou, havia uma capelinha com a porta entreaberta. Achou que seria bom entrar. No altar cheio de flores havia a estátua de madeira de uma Madona. Olhou para o rosto e exatamente neste instante alguma coisa de orelhas pontudas desapareceu por trás do altar. Ele pensou: "Bem, isso é tudo besteira". E instantaneamente a fantasia desapareceu.

395   Foi embora pensando: "É... novamente não consegui entender o que seja a imaginação ativa". Então, de repente, veio-lhe um pensamento: "Ora. Talvez a coisa não fosse aquela; talvez a coisa de orelhas pontudas atrás da estátua de Nossa Senhora, que desapareceu como um raio, realmente tenha acontecido". Então disse para si mesmo: "Vou tentar tudo de novo só para ver". Assim imaginou-se de novo na estação olhando o cartaz e foi novamente levado por sua fantasia a subir a colina. E quando se encontrava no ponto mais alto imaginou o que iria encontrar do outro lado. Lá estava a cerca, a colina e o campo descendo. Pensou: "Bem, as coisas vão indo. Parece que até agora nada mudou". Deu a volta pela rocha, e lá estava a capela e pensou: "Lá está ela; o que pelo menos não é ilusão. Até aqui tudo bem". A porta entreaberta fê-lo sentir-se extremamente feliz. Hesitou um pouco a imaginar: "Agora, quando eu abrir a porta e vir a Madona no altar, a coisa de orelhas pontudas irá pular de trás da santa, e se isso não acontecer é sinal de que toda essa história não passa de uma idiotice". Abriu a porta e olhou – lá estava tudo e a coisa pulou como antes, e o rapaz se convenceu. Daí para a frente ele estava de posse da chave e sabia como manejar sua imaginação, aprendendo a usá-la.

Não há tempo de contar-lhes o desenvolvimento das imagens 396 desse paciente, nem de como outras pessoas chegam a descobrir o emprego do método. Pois, evidentemente, todo mundo o faz de maneira pessoal. Posso apenas mencionar que pode ser um sonho ou uma impressão de natureza hipnagógica que a imaginação venha a começar. Realmente prefiro o termo "imaginação" à "fantasia", pois existe diferença entre as duas coisas quando os médicos antigos diziam: *Opus nostrum*, nosso trabalho deve ser feito *per veram imaginationem et non phantasticam* – por uma imaginação verdadeira e não fantástica[77]. Em outras palavras, se tomarmos o significado correto dessa definição, a fantasia é coisa meramente sem sentido, um fantasma, uma impressão passageira; mas a imaginação é ativa, cheia de propósitos criadores. E essa é exatamente a distinção que eu também faço.

A fantasia é mais ou menos nossa invenção e permanece à su-397 perfície das coisas pessoais e das expectativas conscientes. Mas a imaginação ativa, como o termo diz, designa imagens dotadas de vida própria e os acontecimentos simbólicos se desenvolvem de acordo com uma lógica que lhes é peculiar – quer dizer, logicamente, se a imaginação consciente não interferir. Começa-se pela concentração num ponto de partida; vou dar-lhes um exemplo de minha própria experiência. Quando eu era menino, eu tinha uma tia solteira que morava numa casinha agradável e antiga. Esse lugar estava cheio de belas gravuras coloridas, e entre elas havia a de meu avô ao lado de minha mãe. Ele era uma espécie de bispo[78] e estava representado como se estivesse saindo de casa e parando no pequeno terraço. Havia muradas e escadas que saíam desse local e um caminhozinho que ia dar na igreja. O avô estava vestido com traje de gala, no centro do terraço. Todos os sábados eu tinha permissão de ir visitar a tia e me ajoelhava numa cadeira para ficar olhando o quadro até que visse o avô descendo os degraus. E toda vez minha tia dizia: "Mas, meu querido, ele não está andando; o vovô continua ali parado". Mas eu sabia que o tinha visto andar.

77. Ibid., § 360; citação de *Artis auriferae*, II, p. 214s.

78. Antístete em Basileia.

398   Os senhores entendem como foi que o quadro começou a mover-se. O mesmo acontece quando nos concentramos num quadro
mental, ele ganha movimento, a imagem se enriquece de detalhes,
se dinamiza e desenvolve. Naturalmente sempre sentimos descon-
fiança, julgando que, ao produzirmos a imagem, ela não passe de
nossa invenção. Mas tem-se de ultrapassar a dúvida, pois ela não
é verdadeira. Através de nossa mente consciente podemos produzir muito pouco. Durante todo tempo dependemos de coisas que
literalmente caem em nossa consciência, o que em alemão é chamado *einfälle*. Por exemplo, se meu inconsciente preferir não me
dar ideias, não poderei prosseguir com minha conferência, pois
não poderia inventar o passo seguinte. Todos conhecemos a experiência de querer dizer um nome ou palavra que conhecemos
perfeitamente bem, e ele simplesmente some. Mas algum tempo
depois cai de novo na memória. Dependemos de maneira total
da benevolente cooperação de nosso inconsciente; e se ele se recusa estamos completamente perdidos. Consequentemente estou
convencido de que não podemos fazer grande coisa por meio da
invenção consciente. Nós superestimamos a força da intenção e
da vontade. E assim, quando nos concentramos num quadro interior e tomamos o cuidado de não interromper o fluxo natural dos
acontecimentos, o inconsciente produzirá uma série de imagens
que farão uma história completa.

399   Usei o método durante longo tempo com muitos pacientes e
tenho uma grande coleção dessa "obra". O processo é interessantíssimo de ser observado. Logicamente não uso a imaginação ativa
como panaceia e deve haver um número suficiente de indicações
de que o método é indicado para o paciente. E há um grande número de clientes com os quais seria errado o seu uso. Mas frequentemente, no final da análise, a objetivação das imagens substitui
os sonhos. As imagens os antecipam e assim o material onírico
começa a diminuir. O inconsciente se "desinfla" assim que a mente
consciente se relaciona com ele. O processo de maturação é ace-
lerado. Essa definição não foi inventada por mim; o velho Prof.
Stanley Hall inventou o termo[79].

---

79. Provavelmente Granville Stanley Hall (1846-1924), filósofo e psicólogo americano.

Desde que na imaginação ativa o material é produzido em 400 estado consciente, sua estrutura é bem mais completa do que a linguagem precária dos sonhos. E contém muito mais que os sonhos; por exemplo, os valores sentimentais lá estão e podem ser julgados através do sentimento. Com frequência, os pacientes sentem que certos materiais apresentam tendências para a visualização. É comum que digam: "Aquelas imagens eram tão expressivas que, se eu soubesse pintar, tentaria reproduzir a sua atmosfera". Ou então sentem que certas ideias deveriam ser expressas não racionalmente, mas por meio de símbolos. Ou, ainda, sentem-se dominados por uma emoção que, se tomasse forma, seria plenamente explicável. E assim começam a pintar, modelar e algumas mulheres começam a tecer. Tive mesmo duas clientes que dançavam suas figuras inconscientes. Logicamente o material também pode ganhar formas através da escrita.

Tenho uma longa série desses quadros. Encerram grande 401 quantidade de material arquetípico, e no momento tenho intenção de começar a trabalhar nos paralelos históricos de alguns deles. Comparo-os com o material pictórico produzido em situações semelhantes em séculos passados, principalmente nos primórdios da Idade Média. Tenho mesmo que buscar alguns elementos do simbolismo no Egito. No Oriente há muitos paralelos surpreendentes aos símbolos do inconsciente até nos menores detalhes. Tal trabalho comparativo nos dá uma visão muito valiosa da estrutura do inconsciente. Também tem-se que traçar os necessários paralelos com relação aos pacientes; logicamente não da maneira elaborada com que procederíamos num trabalho científico, mas de forma a dar a cada cliente a compreensão necessária de suas próprias imagens arquetípicas. Pois a pessoa apenas pode ver o significado real de tais símbolos, quando eles não forem apenas uma experiência subjetiva estranha, sem nenhuma conexão externa, mas sim quando se apresentarem como expressão sempre recorrente ao mundo exterior, aos fatos objetivos e aos processos da psique humana. Pela objetivação de suas imagens impessoais e pelo conhecimento de suas ideias inerentes, o paciente consegue trabalhar todos os valores de seu material arquetípico. Somente então ser-lhe-á possibilitada a visão da expressividade dos símbolos e o inconsciente será compreensível para ele. Acima de tudo, esse trabalho tem efeito bem-definido. O que quer que façamos em relação à simbologia recai sobre nós, produzindo a mudança de atitude que tentei definir ao falar da centralização fora do eu.

402   Vou exemplificar. Tive um paciente, professor de universidade, um intelectual de visão muito unilateral. Seu inconsciente se perturbou e sofreu uma ativação, projetando-se em outros homens, que surgiam como inimigos, e ele sentia-se terrivelmente solitário por todos parecerem seus adversários. Aí começou a beber para esquecer os problemas, mas tornou-se excessivamente irritadiço, e por causa desse estado de espírito começou a envolver-se em brigas, tendo altercações bastante desagradáveis, sendo que chegou até a ser posto fora de um restaurante depois de levar uma bela surra. E mais fatos desse tipo aconteceram. Chegou o momento em que a situação se tornou insuportável e ele procurou-me para saber o que deveria fazer. Nessa entrevista tive uma impressão bem nítida; vi que o homem estava repleto de material arcaico e pensei: "Agora vou fazer uma experiência interessante e obterei esse material absolutamente puro, sem nenhuma influência minha. Mas para isso não vou nem mexer no caso". Assim, mandei-o para uma médica que estava começando como terapeuta e que não conhecia muito sobre o material arquetípico. Sabia que ela não se arriscaria neste campo. O paciente estava tão abatido, que nem tentou ir contra a minha proposta. Foi tratar-se com ela, seguindo toda a orientação que lhe era dada[80].

403   Ela o aconselhou a observar os seus sonhos, e o paciente os escrevia cuidadosamente, do primeiro ao último. Tenho uma série de mil e trezentos sonhos desse homem, e eles contêm as mais surpreendentes séries de imagens arquetípicas. E, naturalmente, sem que lhe pedissem, começou a desenhar o que via em sonhos, por sentir que eram muito importantes. E no trabalho com os sonhos e os desenhos, o paciente fazia exatamente o que outros fazem através da imaginação ativa; ele chegou mesmo a inventá-los para si, a fim de trabalhar alguns problemas mais intrincados que os sonhos apresentavam, como, por exemplo, equilibrar os conteúdos de um

---

80. Este caso forneceu o material para a parte II de *Psicologia e alquimia* [OC, 12].

círculo etc. Ele concretizou o problema do movimento perpétuo, não como um louco, mas de maneira simbólica. Lidou com todos os problemas com que a filosofia medieval se ocupava, os quais são desdenhados por nossa mente racional. Tal julgamento apenas mostra que não entendemos nada do assunto. Eles entendiam, nós é que somos os idiotas.

No curso dessa análise, mais exatamente, através dos primeiros quatrocentos sonhos, o paciente não estava sob minha observação. Depois do primeiro encontro, ficamos sem ver-nos durante oito meses. Os cinco primeiros, ele ficou em tratamento com aquela médica e depois preferiu trabalhar sozinho, continuando a observação de seus sonhos com absoluto cuidado. O paciente era bastante dotado nesse setor. Finalmente nos últimos dois meses tivemos alguns encontros, mas não me foi necessário explicar muito a ele sobre o simbolismo. 404

O efeito desse trabalho deixou-o uma pessoa perfeitamente normal e de bom-senso. Deixou de beber e adaptou-se normalmente em todos os setores. A razão do seu desequilíbrio é bem evidente: este homem não era casado e vivera uma vida intelectual muito unilateral e, certamente, tinha seus desejos e apelos. Mas não tinha sorte com mulheres por não ter diferenciação alguma de sentimentos. Agia como um idiota quando se tratava de mulheres, e logicamente elas perdiam a paciência com ele. Com os homens, o paciente agia de maneira desagradável e assim cavou um fosso de solidão à sua volta. Mas agora encontrara algo que o fascinava; tinha um novo centro de interesses. Logo descobriu que os sonhos apontavam alguma coisa muito significativa e assim a totalidade de seu interesse intuitivo e científico fora despertada. Ao invés de sentir-se como uma ovelha perdida nosso homem pensava: "Ah, quando o trabalho terminar hoje à tarde, vou para o meu escritório e verei o que vai acontecer; trabalharei com os meus sonhos e lá vou descobrir coisas extraordinárias". E era o que acontecia. Logicamente o julgamento racional diria que ele caíra violentamente em suas próprias fantasias; mas o caso não era esse, em absoluto. O cliente trabalhara arduamente com os dados de seu inconsciente e tratava as imagens de maneira científica. E quando o encontrei depois dos três meses de solidão, ele já estava quase 405 normal. Apenas sentia-se um pouco confuso; não podia entender uma parte do material que havia cavado no inconsciente. Pediu minha opinião sobre isso e com o maior cuidado dei-lhe sugestões quanto ao significado, mas apenas no que se referia a ajudá-lo a continuar o trabalho e levá-lo a termo.

406   No fim do ano publicarei uma seleção dos seus primeiros quatrocentos sonhos, onde mostro o desenvolvimento de apenas um motivo central dessas imagens arquetípicas[81]. Haverá mais tarde uma tradução inglesa e os senhores terão a oportunidade de ver como o método funciona num caso que não foi absolutamente influenciado por mim nem por qualquer outra sugestão exterior. É uma série de imagens espantosas que mostra o que a imaginação ativa pode fazer. Os senhores entendem que nesse caso era particularmente um método para objetivar as imagens de maneira plástica porque muitos dos símbolos apareciam diretamente nos sonhos; mas de qualquer forma mostra a atmosfera que a imaginação ativa pode criar. Tenho pacientes que, noite após noite, trabalham as imagens, pintando ou modelando suas observações e experiências. O trabalho os fascina. É o fascínio que os arquétipos sempre exerceram sobre a consciência. Mas, objetivando-os, desaparece o perigo de eles invadirem o consciente e obtém-se um efeito positivo. É quase impossível definir tal efeito por meios racionais; é uma espécie de ação "mágica", uma influência sugestiva que vai da imagem ao indivíduo e dessa forma o inconsciente se estende e modifica.

407   Disseram-me que o Dr. Bennet trouxe alguns desenhos de um paciente. Será que ele teria a gentileza de mostrá-los? O quadro (Fig. 14) é uma tentativa de representar um vaso. Evidentemente está expresso de maneira muito inepta, é apenas uma tentativa, a sugestão de um vaso. Esse motivo é em si uma imagem arquetípica que tem um determinado propósito, e por esse desenho posso provar qual era a intenção subjacente. Vaso é um instrumento para conter coisas, líquidos, por exemplo, impedindo-os de se espalha-

81."Símbolos oníricos do processo de individuação". In: JUNG, C.G. *Psicologia e alquimia* [OC, 12].

Fig. 14 Quadro pintado por um paciente

rem. Nossa palavra alemã para o vaso é *gefäss*, substantivo derivado de *fassen*, que quer dizer conter, estabelecer, dominar. A palavra *fassung* significa a acomodação e também, metaforicamente, o comportamento, permanecer composto. Assim o vaso, neste desenho, indica o movimento de conter, a fim de ajuntar e não permitir a dispersão. Tem-se de ajuntar qualquer coisa que, de outra forma, poderia esparramar-se. Pela composição do quadro e por certas características que apresenta, é óbvio que a psicologia desse homem possui um número de elementos disparatados. É um quadro característico de uma condição esquizofrênica. Não conheço a pessoa, mas o Prof. Bennet confirma que minha conclusão é correta. Veem-se os elementos dispersos sobre todo o quadro. Há um grande número de coisas não motivadas e que não se encontram e não formam um conjunto. E, sobretudo, vemos linhas estranhas dividindo o campo, linhas que caracterizam uma mentalidade esquizofrênica, são as linhas de quebra. Quando um esquizofrênico faz um quadro de si próprio naturalmente exprime o corte de sua própria estrutura mental, e assim encontramos essas linhas que frequentemente se espalham sobre uma determinada figura, como as linhas de um espelho quebrado. Nesse desenho, as figuras não mostram tais linhas, mas há linhas dividindo todo o plano.

408   Este homem, então, tenta ajuntar todos os elementos dispersos no vaso, que é destinado a ser receptáculo de todo o ser, de todos os elementos incompatíveis. Se tentasse uni-los em seu eu, seria uma tarefa impossível, pois o eu pode apenas identificar-se com uma parte de cada vez. Assim, o paciente indica, pela simbolização do vaso, que está tentando encontrar um continente para todas as coisas e, consequentemente, dá uma sugestão de centro fora do eu através daquela espécie de bola ou globo no meio do desenho.

409   O desenho é uma busca de cura. Traz à luz todos os elementos dispersos e também tenta ajuntá-los no vaso. A ideia de receptáculo é arquetípica. É encontrada em toda a parte, sendo motivo central de quadros inconscientes. É a ideia do círculo mágico desenhado em volta de alguma coisa que deve ser impedida de fugir ou que deve ser protegida de algum mal. O círculo mágico como encanto apotropaico é uma ideia ainda encontrada em motivos folclóricos. Por exemplo, se um homem cava para descobrir um tesouro, normalmente desenha o círculo mágico em volta do campo, para manter o demônio afastado. Quando se preparava o terreno para uma cidade, havia um ritual de andar ou cavalgar em volta de uma circunferência para que sua área interna ficasse protegida. Em algumas cidades suíças ainda é costume do padre e do conselho da cidade cavalgarem em volta dos campos, quando se ministra a bênção para a proteção da colheita. No centro do círculo mágico ou do recinto sagrado está o templo. Um dos mais notáveis exemplos dessa ideia é o templo de Borobudur, em Java. O passeio circular, a *circumambulatio*, é feito em forma de espiral. No caminho, os peregrinos passam pelas figuras de todas as diferentes vidas de Buda, até atingirem o Buda invisível, o Buda que está ainda para vir. O terreno de Borobudur é um círculo dentro de um quadrado. Esta estrutura é chamada *mandala* em sânscrito. A palavra quer dizer círculo, particularmente círculo mágico. No Oriente encontra-se a figura não apenas como piso de templos, mas também como motivo de decoração das paredes dos templos ou como desenhos alusivos a certas festas religiosas. No centro do mandala, encontra-se o próprio Deus, ou o símbolo da energia divina, o diamante que veio com o raio. Dentro do círculo mais interno está um claustro com

quatro saídas. Então vem um jardim, em volta do qual há um outro círculo, que é a circunferência externa.

O símbolo do mandala tem exatamente o significado de lu- 410 gar sagrado, de *temenos*, para proteger o centro. E é um dos mais importantes motivos na objetivação das imagens inconscientes[82]. Destina-se a proteger o centro da personalidade de ser invadido e influenciado por meios exteriores.

O quadro do paciente do Dr. Bennet é uma tentativa de dese- 411 nhar um tal mandala: contém um centro e todos os seus elementos psíquicos; o vaso poderia ser o círculo mágico, o temenos, em volta do qual está o *circumambulatio*. Portanto, a atenção se dirige para o centro, e ao mesmo tempo todos os elementos dispersos ficam ao alcance da observação, havendo a tendência de unificá-los. O *circumambulatio* deve ser sempre feito no sentido dos ponteiros do relógio, e se alguém o fizesse em outra direção seria desfavorá-vel. E o *circumambulatio* nesse quadro seria a primeira tentativa do paciente de encontrar um centro e receptáculo de sua psique. Mas isso não é conseguido, o desenho não mostra equilíbrio e o vaso cai para a esquerda, para o lado do inconsciente, demonstrando assim que o inconsciente ainda é todo-poderoso. Se ele deseja que sua mágica apotropaica funcione, sua realização deve dar-se de maneira diferente. Veremos como o paciente procede na gravura seguinte.

Aqui (Fig. 15) aparece a tendência para a simetria. Os elemen- 412 tos disparatados e monstruosos que antes não podiam ser domi-nados agora se encontram contidos sob formas menos patológicas e mais favoráveis. O paciente conseguiu ajuntar as unidades vivas de seu inconsciente sob a forma de cobras dentro do vaso sagrado. E o vaso está firme, não tomba mais e a forma melhorou. Ainda não conseguiu êxito na sua intenção, mas pelo menos já pode dar alguma forma aos animais. São animais do submundo, peixes que vivem a grandes profundidades, cobras da escuridão; simbolizam os centros mais baixos de sua psique, o sistema simpático. Muito impressionante é que ele também atinge as estrelas, o que significa que o cosmos, o seu mundo está captado no quadro. Uma alusão à astrologia inconsciente que temos penetrada até os ossos, embora não tenhamos consciência disso. Na parte superior do quadro está

---

82. Cf. JUNG, C.G. Comentário a *O segredo da flor de ouro*. Cf. tb. "O simbolismo do mandala"; "Mandalas" [OC, 9/1].

a personificação do inconsciente, uma figura de animal nua, vista de costas. Trata-se de uma posição típica; no começo da objetivação dessas imagens, a figura do animal muitas vezes aparece de costas. No pé do vaso há oito figurações da lua crescente e a lua também é uma simbolização do inconsciente. O inconsciente masculino é sempre lunar, pois é um mundo noturno caracterizado pela lua. E lua (luna) é um termo feminino, pois o inconsciente é feminino. Há ainda muitas linhas de quebra que perturbam a harmonia. Mas creio que, se nenhum problema particular interferir, o paciente continuará dentro de uma linha construtiva. Eu diria que há esperanças de ele se encontrar, pois o aparecimento da *anima* é sempre muito positivo. Ela própria é espécie de vaso, pois incorpora o inconsciente, impedindo-o de espalhar-se em todos os sentidos. O paciente também tenta separar os motivos da esquerda dos da direita, e isso indica uma tentativa de orientação consciente. A bola ou globo do primeiro desenho desapareceu, o que entretanto não é sinal negativo. A totalidade do vaso seria o centro; e a inclinação foi corrigida, o objeto está firmemente assentado sobre uma base. Todos esses fatos mostram que ele está tentando encontrar o caminho certo.

413   Os desenhos devem ser devolvidos ao paciente porque são muito importantes. Podem-se obter cópias deles; os pacientes gostam de fazer cópias para os médicos. Mas devemos dar-lhes os originais,

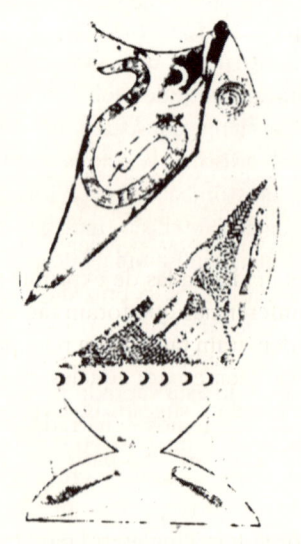

Fig. 15 – Quadro pintado por um paciente

pois eles gostam de vê-los, e assim enxergam que seu inconsciente está adquirindo expressão. A forma objetiva volta-se sobre eles e os pacientes sentem-se encantados. A influência sugestiva reage no sistema psíquico do paciente, introduzindo o mesmo efeito que foi colocado no desenho. Aí está a razão do uso de imagens sagradas, de ídolos, de ícones. Elas lançam sua mágica em nosso sistema, fazendo também que nos objetivemos nelas. Se nos entregarmos a um ícone, ele falará conosco. Tomemos um mandala lamaica que tenha um Buda no centro, ou Shiva, e, à medida que nos colocarmos dentro dela, ela nos responderá. Trata-se de um efeito mágico.

Tais desenhos do inconsciente expressam a verdadeira condição **414** psicológica do indivíduo, e por isso podemos usá-los na diagnose. Por meio de um desenho desses podemos dizer exatamente em que pé está o paciente, se sua disposição é esquizofrênica ou apenas neurótica. Pode-se até partir para uma prognose. Necessitamos apenas de um pouco de prática para fazermos com que tais quadros sejam utilíssimos. Evidentemente deve-se tomar cuidado, não se pode chegar a um tal dogmatismo a ponto de dizer a cada cliente: "Agora comece a pintar". Há pessoas que pensam: "O tratamento do Dr. Jung consiste em dizer a seus pacientes que pintem", como anteriormente diziam: "Ele divide os pacientes em introvertidos e extrovertidos e diz: Você deve viver assim e assim, porque pertence a este ou àquele tipo". Certamente isto não é um tratamento. Cada paciente constitui um problema novo para o analista, e ele apenas conseguirá a cura de sua neurose se o orientarmos na procura individual da solução de seus conflitos.

O presidente:

Senhoras e senhores, os aplausos expressam alguma coisa do **415** que sentimos pelo Prof. Jung. Esta foi a última conferência da série que tivemos a honra, o prazer e o privilégio de ouvir. Professor, temos apenas maneiras inadequadas de exprimir-lhe o nosso agradecimento por essas conferências que foram tão estimulantes, tão desafiadoras e que nos deixaram tanta coisa para pensar no futuro. Para todos nós, e especialmente para aqueles que são terapeutas, foram conferências sumamente sugestivas. Creio que essa era exatamente a sua intenção, Prof. Jung, e isso o senhor conseguiu. Foi um prazer imenso tê-lo aqui no Instituto e creio que estamos todos arquitetando o plano de trazê-lo de volta muito breve, assim o esperamos, quando o senhor voltar à Inglaterra para fazer-nos pensar mais sobre esses grandes problemas.

Conecte-se conosco:

 facebook.com/editoravozes

 @editoravozes

 @editora_vozes

 youtube.com/editoravozes

 +55 24 2233-9033

www.vozes.com.br

Conheça nossas lojas:

www.livrariavozes.com.br

Belo Horizonte – Brasília – Campinas – Cuiabá – Curitiba
Fortaleza – Juiz de Fora – Petrópolis – Recife – São Paulo

  Vozes de Bolso

EDITORA VOZES LTDA.
Rua Frei Luís, 100 – Centro – Cep 25689-900 – Petrópolis, RJ
Tel.: (24) 2233-9000 – E-mail: vendas@vozes.com.br